Die Historikerin Anita Leocádia Prestes schildert, wie ihre Mutter, die Kommunistin Olga Benario Prestes, unter widrigsten Umständen für ihre Ideale kämpfte.

Dank der Öffnung des Gestapo-Archivs konnte Anita Prestes dabei auf eine Fülle neuer Materialien zugreifen. So entwirft sie eine Erzählung, die vom Eintritt der jungen Olga in den politischen Kampf, ihre Aufenthalte in der Sowjetunion und in Brasilien, ihre Auslieferung als Hochschwangere an Nazi-Deutschland 1936 und ihren Tod in der Tötungsanstalt Bernburg 1942 reicht. Außerhalb des Gefängnisses initiierten Benarios Schwiegermutter und Schwägerin eine internationale Kampagne, um ihre Freilassung zu erwirken. Sie erreichten, dass die in der Haft geborene Tochter – Anita – zu ihrer Großmutter kam.

Olga Benario widersetzte sich ihren Peinigern bis zuletzt und verriet ihre Genossinnen und Genossen nicht, obwohl man sie mit der Aussicht auf ein Wiedersehen mit ihrer Tochter erpresste. Die biografische Annäherung wird ergänzt von Briefen Benarios und Fotos sowie einem Interview mit der Autorin.

Anita Leocádia Prestes

OLGA BENARIO PRESTES

Eine biografische Annäherung

Aus dem Portugiesischen
vom Coletivo Tropeção

VERBRECHER VERLAG

Die Übersetzung dieses Buches wurde durch
die Rosa-Luxemburg-Stiftung gefördert.

1. Auflage
Verbrecher Verlag Berlin 2022
www.verbrecherei.de

Die Abbildungen entstammen dem Archiv Anita Prestes.

Satz: Christian Walter
Druck und Bindung: CPI Clausen & Bosse, Leck

ISBN 978-3-95732-539-6

Printed in Germany

Der Verlag dankt Anna-Lena Brunner, Caroline Geißler
und Lore-Marie Junghans.

In Erinnerung an
Olga Benario Prestes, meine Mutter
und alle, die im Kampf gegen den Faschismus
gefallen sind.

Inhalt

Auch in der traurigsten Nacht,
in Zeiten der Unterdrückung,
ist dort ein Mensch, der sich wehrt,
ist dort immer ein Mensch, der nein sagt.

Manuel Alegre

Wenn andere zum Verräter geworden sind,
ich werde es jedenfalls nicht.

Olga Benario

Olga Benario 1925 mit der Kommunistischen Jugend Neukölln (letzte Reihe, 4. von links).

Olga Benario: Eine junge Kommunistin im Kampf für die Weltrevolution

Olga Benario wurde 1908 in einer wohlhabenden Familie in München geboren und verließ ihr Zuhause im Alter von 16 Jahren. An der Seite ihres jungen Lehrers und Partners Otto Braun, einem führenden Funktionär der Kommunistischen Partei Deutschlands (KPD), und unter dem Einfluss der revolutionären Stimmung, die damals in Deutschland herrschte, schloss sie sich den Kämpfen der Arbeiterjugend im »roten Neukölln« in Berlin an. Als herausragendes Mitglied der Kommunistischen Jugend wurde sie bald in die Reihen der KPD aufgenommen. Über die Grenzen des Bezirks hinaus wurde sie 1928 bekannt infolge ihrer maßgeblichen Beteiligung an der Befreiung des wegen »Hochverrats« im Gefängnis Moabit inhaftierten Otto Braun. Beide wurden daraufhin von den Polizeibehörden gesucht, sie mussten das Land verlassen und flohen nach Moskau.

Olga wurde dort schnell zur Anführerin der Kommunistischen Jugendinternationale und war an vielen politischen Aktionen in Europa beteiligt, so etwa in England und Frankreich, wo sie für kurze Zeit inhaftiert war. Während ihrer Zeit in Moskau absolvierte sie eine militärische Ausbildung und versuchte zugleich, ihre Kenntnisse der marxistisch-leninistischen Theorie zu vertiefen. Sie war eine überzeugte Kommunistin, die bereit war, im Kampf für die Weltrevolution jedes Opfer zu bringen. Ihre Beziehung zu Otto Braun – im romantischen Sinne – hatte sie jedoch bald beendet.

Auf Grund ihrer Leistungen und Erfahrungen im Untergrund und im revolutionären Kampf der kommunistischen Bewegung wurde Olga Ende 1934 von Dmitri Sacharowitsch Manuilski, dem Führer der Kommunistischen Internationale (KI), gebeten, für die Sicherheit von Luís Carlos Prestes bei seiner Rückkehr nach Brasilien zu sorgen. Kürzlich in die Kommunistische Partei Brasiliens (PCB) aufgenommen, plante dieser berühmte »Ritter der Hoffnung« in sein Land zurückzukehren, um sich am dortigen antifaschistischen Kampf zu beteiligen. Doch er musste im Verborgenen bleiben, denn es wurde ihm vorgeworfen, aus der Armee desertiert zu sein, eine legale Einreise hätte folglich seine Verhaftung nach sich gezogen. Olga nahm diese neue Aufgabe ohne zu zögern mit Freude an, denn sie hatte von den Erfolgen des Marsches der Coluna Prestes* und ihres Kommandanten gehört, den sie bereits bewunderte, bevor sie ihn persönlich kennenlernte.

Prestes und Olga, die einander von Manuilski erst am Vorabend der Reise vorgestellt wurden, verließen Moskau am 29. Dezember 1934. Sie reisten getarnt – als Spanier Pedro Fernandez und russische Studentin Olga Sinek –, offiziell waren sie ein wohlhabendes Paar auf Hochzeitsreise. Nach einer mehr als dreimonatigen, abenteuerlichen Reise kamen sie im April 1935 in Rio de Janeiro an, wo sie sich niederließen. Während der Reise führte

* Die Coluna Prestes, oder auch »Zug Prestes« genannt, war der Teil einer militärisch-politischen Bewegung, die seit Beginn der 1920er Jahre für politische und soziale Reformen in Brasilien kämpfte. Kommandant Luís Carlos Prestes führte eine Einheit der Bewegung an, die auf einem 25.000 Kilometer langen Marsch weite Teile Brasiliens durchquerte, bis sie sich 1927 in Paraguay und Bolivien zurückzog. Die Coluna Prestes zählt zu den Wegbereitern für die Revolution 1930 (Anm. d. Ü.).

eine tiefe Verbundenheit zwischen den beiden dazu, dass sie sich ineinander verliebten und so zu jenem Liebespaar wurden, das sie bisher nur vorgegeben hatten zu sein.

Prestes wurde 1935 in Brasilien zum Ehrenpräsidenten der Aliança Nacional Libertadora (ANL) ernannt.* Und selbst im Untergrund hielt er Kontakt zu ehemaligen Genossen der Coluna, zum Generalsekretär des PCB und zu den Mitgliedern des Südamerikanischen Büros der Kommunistischen Internationale, das damals nach Rio de Janeiro verlegt wurde. Diese Kontakte nach außen wurden von Olga aufrechterhalten, auch um zu verhindern, dass Prestes von der Polizei entdeckt wurde. Sie begleitete Prestes zu politischen Sitzungen, mischte sich allerdings weder in die Diskussionen noch in die Entscheidungen ein, da ihr dies nicht zustand ...

Das Zusammenleben von Olga und Prestes dauerte kaum länger als ein Jahr. Nach der Niederschlagung der antifaschistischen Aufstände im November 1935 wurden sie im März 1936 verhaftet und voneinander getrennt. Sie sahen sich nie wieder. Mit langen Unterbrechungen korrespondierten sie miteinander, bis Olga im April 1942 in einer Gaskammer im Konzentrationslager Bernburg ermordet wurde. Robert Cohen, der deutsche Herausgeber ihres Briefwechsels, schrieb:

»Vom Kennenlernen in Moskau bis zur Verhaftung in Rio vergehen ein Jahr, drei Monate und zweiundzwanzig Tage. Eine

* Die ANL ist eine breite demokratische Front, die Anfang 1935 in Brasilien mit dem Ziel gegründet wurde, gegen Faschismus, Integralismus, Imperialismus und die Latifundien zu kämpfen. Siehe Prestes, Anita Leocádia, *Luiz Carlos Prestes e a Aliança Nacional Libertadora. Os caminhos da luta antifascista no Brasil (1934–1935)*, Petrópolis 1997 (Anm. d. Ü.).

kurze Zeit, wird man sagen. Aber was wäre eine angemessene Zeitspanne für eine Liebe? Die Bedeutung einer Beziehung bemisst sich nicht nach ihrer Dauer. Wollen wir etwas über die Liebe zweier Menschen wissen, so sollten wir nicht fragen, was die Menschen aus der Liebe machen, sondern was die Liebe aus den Menschen macht. Was sie aus Olga Benario und Carlos Prestes gemacht hat, erfahren wir in ihren Briefen.«*

Olga rettete Prestes bei der Verhaftung das Leben, da sie sich zwischen ihn und die Polizisten stellte, die den Befehl hatten, ihn zu töten. Doch erst wenige Tage später, bereits in der Zelle des Untersuchungsgefängnisses in der brasilianischen Hauptstadt, musste sie feststellen, dass sie schwanger war. Nach den damals in Brasilien geltenden Gesetzen hatte sie das Recht, im Land zu bleiben, da sie ein brasilianisches Kind zur Welt bringen würde. Derweil jedoch sahen der damalige Präsident Getúlio Vargas und sein Polizeichef Filinto Müller die Möglichkeit, Luís Carlos Prestes zu foltern, indem sie Olga an Nazi-Deutschland auslieferten. Auf Grund seines internationalen Ansehens erschien es ihnen nicht ratsam, ihn der physischen Folter auszusetzen, die zu jener Zeit bei politischen Gefangenen üblich war. Der Anwalt Heitor Lima stellte für Olga zwar einen Habeas-Corpus-Antrag, dieser wurde von den Richtern des obersten Bundesgerichts jedoch abgelehnt.

Olga wie Prestes machten gegenüber den Polizeibeamten, die sie verhörten, keine Aussagen. Olga weigerte sich, ihren richtigen

* Benario, Olga / Prestes, Luiz Carlos, *Die Unbeugsamen. Briefwechsel aus Gefängnis und KZ*, hg. v. Robert Cohen, Göttingen 2013, S. 18.

Olga Benario 1936 in Rio de Janeiro in Begleitung eines Polizisten.

Namen und ihre Staatsangehörigkeit zu nennen und gab lediglich an, Maria Prestes zu heißen. Filinto Müller appellierte jedoch an das Außenministerium, bei der Gestapo zu intervenieren, die wiederum jene Olga Benario identifizierten, die seit den 1920er Jahren wegen ihrer »subversiven Aktivitäten« gelistet war. Olga weigerte sich außerdem, den Pass zu unterschreiben, der ihr vom deutschen Konsulat in Rio de Janeiro nach den damals geltenden bürokratischen Verfahren für ihre Auslieferung ausgestellt worden war; diese Tatsache war bis zur Öffnung des in Russland verbliebenen Gestapo-Archivs im Jahr 2015 unbekannt.

Auch die französischen Polizeibehörden arbeiteten mit Filinto Müller zusammen. Anhand des Fotos und der Fingerabdrücke der vermeintlichen Maria Prestes, die den dortigen Beamten von der brasilianischen Polizei übermittelt wurden, konnten sie ihr die Akte von Erma Kruger zuordnen – unter diesem Namen war Olga im Juli und August 1931 in Paris und Brüssel verhaftet und eingesperrt worden.

Die Auslieferung von Olga an Nazi-Deutschland

Im siebten Monat ihrer Schwangerschaft, am 23. September 1936, wurde Olga Benario Prestes gewaltsam an Bord des deutschen Frachtschiffs La Coruña nach Hamburg gebracht. Der Kapitän hatte von den Polizeibehörden die ausdrückliche Anweisung erhalten, keinen anderen europäischen Hafen anzulaufen, da Dock- und Hafenarbeiter aus Spanien und Frankreich zuvor politische Gefangene aus anlegenden Schiffen gerettet hatten. Neben Olga wurde auch Elise Ewert, die Frau des deutschen kommunistischen Funktionärs Arthur Ewert, ausgeliefert. Auch diese beiden wurden nach den antifaschistischen Aufständen im November 1935 inhaftiert und grausam gefoltert.*

Die brasilianische Regierung begründete die Auslieferung der beiden »kommunistischen Agitatoren« mit ihrer angeblichen »an dem kommunistischen Aufstand in Brasilien im November 1935 maßgebenden Anteil«, was jedoch nie bewiesen wurde. In den umfangreichen Dokumenten über die Reise auf der La Coruña finden sich die Anordnungen über die ständige Bewachung, unter der die »gefährlichen Kommunisten« Elise und Olga gehalten werden sollten, sowie über die erforderlichen Maßnahmen, um eine Flucht nach der Ankunft in Hamburg zu verhindern.

* Bei den kommunistischen Aufständen vom November 1935 handelt es sich um militärische Aktionen mit dem Ziel, die Regierung von Vargas zu stürzen. Die Aufstände wurden von der Kommunistischen Partei Brasiliens und der Kommunistischen Internationale unterstützt und von der Aliança Nacional Libertadora unter Luís Carlos Prestes angeführt.

Sie reisten völlig isoliert von der Besatzung und den regulären Passagieren des Schiffes. Elise versuchte, ein Telegramm an eine Londoner Zeitung zu schicken, in dem sie Olgas prekären Gesundheitszustand meldete, dieses wurde allerdings nie abgeschickt. Während der gesamten Überfahrt begleiteten sie zwei brasilianische Polizeibeamte.

Nach einer fast einmonatigen Reise unter extrem harten Bedingungen wurden Olga und Elise am 18. Oktober in Hamburg an Land gebracht. Zu diesem Anlass war der Polizeiapparat vor Ort so groß, dass der französische Anwalt, der vom Komitee Prestes – der in Paris ansässigen Organisation, die die weltweite Kampagne zur Befreiung der politischen Gefangenen in Brasilien und auch von Olga und Elise koordinieren sollte – entsandt wurde, nicht einmal in der Lage war, sich dem Ort zu nähern oder Informationen über die Gefangenen zu erhalten. In dem auf die Ankunft folgenden Verhör gab Olga an, die brasilianische Staatsbürgerschaft zu besitzen, da sie Prestes 1932 in Moskau geheiratet hatte, allerdings konnte sie die Heiratsurkunde nicht vorweisen.

Noch am selben Tag wurden die beiden Gefangenen unter polizeilicher Begleitung nach Berlin gebracht. Olga brachte man ins Frauengefängnis in der Barnimstraße und Elise in die Frauenhaftanstalt des Polizeigefängnisses. In einem Gestapo-Dokument heißt es: »Die Gefängnisverwaltungen sind angewiesen, keinerlei Auskünfte über die Festgenommenen an dritte Personen zu erteilen. Anfragen durch Zeitungsreporter sind bisher von hier aus negativ beantwortet worden.«

Bei Olgas Ankunft in Berlin wurde der »Annahmebefehl« ausgestellt, um sie wegen »Vorbereitung zum Hochverrat« in »Schutzhaft« zu nehmen. Da sie als Komplizin von Elise Ewert galt, wurde sie im Gefängnis von ihr getrennt untergebracht. Es wurde behauptet, Olga Benario und Elise Ewert stünden »im dringenden Verdacht, für die illegale KPD bezw. Komintern tätig zu sein und bilden daher eine unmittelbare Gefahr für die öffentliche Sicherheit und Ordnung«.

Im Gefängnis, ohne die Möglichkeit, mit ihrer Familie oder ihren Freunden zu kommunizieren, weigerte sich Olga konstant, irgendeine Aussage zu machen, die ihre Genossinnen und Genossen in Deutschland und Brasilien belasten könnte. Die Gestapo rechtfertigte die Härte, mit der Olga behandelt wurde, weniger damit, dass sie Jüdin war, sondern vor allem damit, dass sie als »gefährliche Kommunistin« und als Ehefrau des kommunistischen Anführers Luís Carlos Prestes galt, die schon aus diesem Grund niemals freigelassen werden sollte.

Am 27. November 1936 gebar Olga auf der Krankenstation des Gefängnisses Barnimstraße ihre Tochter Anita Leocádia.* Den Namen wählte sie, da er sich auf zwei starke Frauen bezog – auf [die brasilianisch-italienische Revolutionärin, Anm. d. Übersetzer*innen] Anita Garibaldi und Leocádia Prestes, Olgas Schwiegermutter. Olgas Mut und ihre außergewöhnliche emotionale Beherrschung machten es möglich, dass das Kind gesund und stark zur Welt kam. Bei der Mutter traten jedoch Komplikationen auf, die sie zwangen, einen Monat lang auf der Krankenstation zu bleiben.** Olga bat die Gefängnisleitung, ein Telegramm und

* Die Autorin hat sich dafür entschieden, sich im Zusammenhang mit dem erzählten Sachverhalt in der dritten Person zu äußern.

** Die Haftbedingungen in diesem Gefängnis sind nicht mit dem Grauen der Konzentrationslager zu vergleichen, in die Olga später gebracht wurde.

bald darauf auch einen Brief an ihren in Brasilien inhaftierten Ehemann senden zu lassen, in dem sie ihn über die Geburt ihrer Tochter informierte, aber beide Nachrichten wurden nicht von der Gestapo abgeschickt. Die Geburt des Kindes blieb gegenüber der Familie und der Öffentlichkeit mehrere Monate lang verborgen. Olga versuchte zwar, das Kind bei der brasilianischen Botschaft in Berlin als Brasilianerin registrieren zu lassen, aber sowohl die Gestapo als auch das brasilianische Außenministerium lehnten dieses Ansinnen ab.

Die Kampagne Prestes

Seit der Verhaftung von Prestes und Olga im März 1936 formierte sich die Kampagne Prestes unter der Leitung von Leocádia Prestes. Kurz nach der Verhaftung ihres Sohnes und ihrer Schwiegertochter zog Leocádia mit ihrer jüngsten Tochter Lygia von Moskau, wo die Familie seit 1931 gelebt hatte, nach Paris, das zum Sitz des Komitee Prestes wurde. Als die Auslieferung von Olga und Elise öffentlich bekannt wurde, weitete sich die Kampagne sofort auf die beiden gefangenen Frauen aus. Leocádia und Lygia versuchten, mit Olga Kontakt aufzunehmen und ihr und dem ungeborenen Kind jede mögliche Hilfe zukommen zu lassen. Leocádia reiste in Begleitung ihrer Tochter und einer Delegation von Frauen aus Belgien und England dreimal nach Berlin, ohne jemals die Erlaubnis zu bekommen, Olga zu sehen oder mit ihr zu sprechen.

Die Nachricht von der Auslieferung Olgas und Elises hatte zur Folge, dass die Behörden des »Dritten Reiches«, einschließlich Adolf Hitler selbst, mit Telegrammen, Briefen und Nachrichten bombardiert wurden. Einzelpersonen und humanitäre Organisationen aus Europa und den USA verlangten Informationen über die Gefangenen, prangerten ihre Einzelhaft an und forderten beider Freilassung. Viele dieser Forderungen wurden in den USA, Frankreich, England und weiteren Ländern in der Presse veröffentlicht.

Noch Anfang Oktober 1936 forderten Juristen, die sich auf einer Konferenz in London versammelten, in einem Schreiben an Hitler die Freilassung von Olga und Elise, sobald sie in Hamburg einträfen. Am Tag vor der Ankunft der abgeschobenen Gefangenen wurden sie in der Londoner »News Chronicle« als »Opfer des Faschismus« bezeichnet. Am selben Tag forderten Liberale aus London in einem Telegramm eine menschenwürdige Behandlung durch die deutschen Behörden und die Freilassung beider. Einige Tage später wandte sich die Generalsekretärin der französischen Sektion der Internationalen Liga der Mütter und Erzieherinnen für den Frieden im Namen von 90 000 Müttern und Frauen an den Reichsbotschafter in Paris und forderte einen angemessenen Umgang für Olga und Elise. Am 29. Oktober 1936 schickten mehrere berühmte Persönlichkeiten aus Frankreich ein Telegramm an Adolf Hitler, in welchem sie die Freilassung der beiden Gefangenen und ihre Überstellung an der französischen Grenze forderten. In einem Schreiben an Heinrich Himmler, Reichsleiter der SS, vom 2. Dezember bitten die Präsidentin des Verteidigungskommitees für politische Gefangene *(Comité de défense des prisonniers politiques)*, eine Anwältin der Pariser Anwaltskammer *(Barreau de Paris)* und eine Vertreterin der feministischen Gruppe Six-Point aus London, um die ihnen zugesagten Informationen über die Geburt des Kindes von Olga Benario-Prestes. Sie waren am 14. November in die Reichshauptstadt gefahren, um sich über die Lage Olgas und Elises zu informieren und diese zu besuchen, was ihnen jedoch untersagt wurde. Nach Ansicht der SS würde mit der Weitergabe von Informationen über die Gefangenen eine falsche Darstellung der Sachlage und die Verwendung dieser Informationen »in Verleumdungskampagnen in der internationalen Presse gegen Deutschland« einhergehen.

In den USA wandte sich die Internationale Liga der Frauen für Frieden und Freiheit mit einer Nachricht an den deutschen

Plakate, die gegen die Haft von Prestes und seinen Begleitern protestieren, Paris 1937.

Botschafter und forderte die Freilassung von Olga und Elise und ihre Überstellung nach Frankreich, dessen Regierung ihnen politisches Asyl gewähren sollte. Am 23. November 1936 fand in New York in Anwesenheit von fünfhundert Personen eine vom Vereinten Komitee zur Verteidigung des brasilianischen Volkes organisierte Veranstaltung statt, bei der eine an Adolf Hitler gerichtete Erklärung verabschiedet wurde, in der die Freilassung der von der Vargas-Regierung zu Unrecht ausgelieferten Frauen gefordert wurde. Es könnten noch viele weitere Dokumente angeführt werden, die den Umfang der weltweiten Solidaritätskampagne mit Olga Benario-Prestes und Elise Ewert dokumentierten.

Mit der Geburt von Anita erlangte die Kampagne ein noch größeres Ausmaß; es ging jetzt auch darum, das Leben eines Kindes zu retten. Olga berichtete später, dass ihre Tochter, sobald sie abgestillt war, auf Befehl der Gestapo von ihr getrennt und in ein nationalsozialistisches Waisenhaus gebracht werden sollte, wo den Kindern ihr Name weggenommen und stattdessen eine Nummer zugeordnet wurde. Bei einem Besuch des Internationalen Roten Kreuzes in Genf gelang es Leocádia und Lygia, die Organisation dazu zu bewegen, ihnen zur Hilfe zu kommen. Sie erfuhren erst von der Geburt des Kindes, als es bereits drei Monate alt war. Schließlich erhielten sie die Erlaubnis, mit Olga zu korrespondieren und ihr Geld, Lebensmittel und Kleidung zu schicken. Leocádia und Lygia schickten Olga alle vierzehn Tage ein zwanzig Kilo schweres Paket mit Lebensmitteln und anderen Dingen, die sie brauchte, um ihre Tochter weiterhin stillen zu können. Die Bemühungen von Leocádia und Lygia waren entscheidend dafür, dass das Kind überlebte und schließlich freigelassen wurde.

Olga im Frauengefängnis Barnimstraße

Auch nach der Geburt ihrer Tochter wurde Olga in einer Zelle des Frauengefängnisses Barnimstraße in Isolationshaft gehalten und immer wieder wegen ihrer politischen Aktivitäten verhört. In Gestapo-Dokumenten ist festgehalten, dass sowohl Elise als auch Olga über ihre kommunistischen Aktivitäten und ihre Aufgaben in der Komintern schwiegen, ein Thema, das für die Nazi-Behörden »von zentralem Interesse« war. In einem internen Bericht wurde sich dafür ausgesprochen, die Vorteile, die beide Gefangenen genossen, auszusetzen, bis sie bereit seien, ein umfassendes Geständnis abzulegen, und dass die Drohung, »Olga Benario ihre Tochter zu entziehen, zu einem Geständnis von ihr beitragen könnte«. Auch ihre angebliche Heirat mit Luís Carlos Prestes in Moskau sei nur Schein, da in Wahrheit die Kommunistischen Internationale sie Prestes zur Verfügung gestellt hatte.

Im Januar 1937 erklärte die Gestapo, dass es notwendig sei, die wahren Aktivitäten von Olga Benario-Prestes aufzuklären. Da keine Heiratsurkunde vorlag, wurde behauptet, dass sie die brasilianische Staatsbürgerschaft gar nicht besitzen würde. Dem Dokument zufolge bestand keine Möglichkeit, Olga freizulassen, solange sie keine detaillierten Angaben zu diesen Fragen machte. Gleiches galt auch für Elise. Besuche bei Häftlingen waren verboten und wer aus dem Ausland mit der Absicht des Besuches anreiste, wurde aus Deutschland ausgewiesen. Die gesamte Korrespondenz wurde zensiert und sowohl die von Olga gesendeten als auch die von ihr empfangenen Briefe mussten in deutscher

Frauengefängnis in der Berliner Barnimstraße in den 1920er Jahren.

Sprache verfasst sein. Ein Brief von Olga an Elise, in dem sie sich darüber beklagte, dass sie daran gehindert worden war, ihre Tochter persönlich bei Leocádia abzuliefern, wurde nicht zugestellt, weil er »unzulässige Kritik an den Maßnahmen der Staatssicherheitspolizei« enthielt.

An anderer Stelle heißt es, Olga Benario-Prestes sei »eine Agentin der Komintern. Deutsche Staatsbürgerin, Staatsfeindin«, und dass sie, da ihre Ehe nicht bewiesen war, nicht die brasilianische Staatsbürgerschaft erhalten werde und die Staatsbürgerschaft ihrer Tochter von Luís Carlos Prestes Interesse an dem Kind abhängen würde. Die Zensur des gesamten Schriftverkehrs und das Besuchsverbot wurden erneut bekräftigt.

Die Bedeutung, die Olga Benario-Prestes' Person von den Behörden des Nazireiches beigemessen wurde, geht aus dem biografischen Abriss hervor, der in einem Bericht der Gestapo an den Befehlshaber der SS, Heinrich Himmler, enthalten ist. Es wird berichtet, dass sie 1933 in Paris war, »vermutlich als Komintern-Agentin«; sie habe Luís Carlos Prestes in Moskau geheiratet, aber die entsprechende Urkunde sei auch in Brasilien nicht gefunden worden; sie sei Bürgerin des Deutschen Reiches. Der Bericht endet mit der Einschätzung, Benario sei »eine gefährliche und verstockte Kommunistin. Bei den bisherigen Vernehmungen hat sie keine Aussage über ihre kommunistische Betätigung gemacht. Ihr weiterer Verbleib in Haft ist daher im Interesse der Staatssicherheit erforderlich.«

Konfrontiert mit der Aussage des ehemaligen kommunistischen Aktivisten Hermann Dünow, der seine Tätigkeit im Nachrichtendienst der Kommunistischen Partei Deutschlands offengelegt hatte, erklärte Olga: »Wenn andere zum Verräter geworden sind, ich werde es jedenfalls nicht.« Sowohl sie als auch Elise haben sich stets geweigert, über ihre Aktivitäten in der Komintern zu sprechen.

Zur gleichen Zeit wuchs die Unterstützung in der europäischen und nordamerikanischen Öffentlichkeit für die Freilassung von Olga, ihrer Tochter und Elise Ewert. Eine Gruppe von Damen des englischen Adels, die der Religious Society of Friends (Quaker) angehörten, ergriff die Initiative zur Gründung eines Fonds, um Anitas Betreuung und Ausbildung zu finanzieren. Auch Olga und Elise wurden Geld, Kleidung und Bücher geschickt. Sie boten auch an, einen Anwalt zu ihrer Verteidigung zu engagieren, was jedoch von der Gestapo mit der Begründung untersagt wurde, dass es in Fällen von »Schutzhaft« nicht vorgesehen sei, Anwälte zu konsultieren.

Im Auftrag ihrer Freunde in England bat Margaret B. Collyer vom Berliner Sekretariat der Quäkergesellschaft um Informationen über Olga und ihre Tochter und um die Erlaubnis, sie zu besuchen. Auch diese Bitte wurde mit der Begründung abgelehnt, dass sowohl Olga als auch Elise Kommunistinnen »der gefährlichsten Art« seien. Auch die Viscountess Christine Hastings, die Leocádia und Lygia zu Beginn der Prestes-Kampagne 1936 in ihrem Londoner Haus empfangen hatte, solidarisierte sich mit Olga und Elise, sammelte Spenden und schickte ihnen Geld, Kleidung und Spielzeug für Anita. Minna Ewert, die Schwester von Arthur Ewert und aktive Unterstützerin der Kampagne für die Befreiung der beiden Gefangenen, erzählte Olga, dass sie in London Briefe von Unbekannten aus den USA erhalte, die sie um Nachrichten über sie und das Kind bäten.

Während des gesamten Jahres 1937 blieb die Frage offen, welches Schicksal Olgas Tochter ereilen würde. Im Mai hieß es in einem Gestapo-Bericht, es ginge darum, die Gefangene »aussagegefügig zu machen«. Dies könne vielleicht durch die Sorge um die Zukunft ihrer Tochter erreicht werden. »Es ist ferner Vorsorge zu treffen, daß durch irgend eine amtliche Fürsorgestelle festgestellt wird, daß es der B. und ihrem Kinde z. Zt. an nichts fehlt, vor allen Dingen, daß das Kind zweckentsprechend – abgesehen von der mütterlichen Nahrung – ernährt wird.«

Auf Wunsch der Mutter konnte das Mädchen fotografiert werden, aber Olgas Bitte, das Foto an ihren Mann und ihre Schwiegermutter schicken zu dürfen, wurde abgelehnt. Zudem wurde darauf hingewiesen, dass eine Entlastung der führenden Kommunistin Olga Benario zu diesem Zeitpunkt nicht in Frage kam, da sie sich weiterhin weigerte, über ihre politische Arbeit auszusagen.

Laut einem Bericht des Oberkommandos der Wehrmacht wurde Olga Benario darüber informiert, dass sie sich in Obhut der Gestapo befand und über ihr wahrscheinliches Schicksal aufgeklärt:

»Als erwähnt wurde, daß wahrscheinlich eine Trennung von ihrem Kinde erfolgen müsse, schrak sie sichtlich zusammen und erklärte nach einer Weile, daß dies niemals in Frage kommen würde, es sei denn, man nehme ihr das Kind mit Gewalt. Sie bäte doch dringend darum, das Kind, falls sie weiter in Schutzhaft bleiben muß, auch in Schutzhaft mitnehmen zu dürfen.«

Dasselbe Dokument verdeutlicht, dass die Gestapo unter allen Umständen im Detail über die politische Tätigkeit von Olga Benario informiert sein wollte; nur unter diesen Bedingungen sei es möglich, die von ihr ausgehende Gefahr zu beurteilen. »Eine restlose Aussage wäre überhaupt die Vorbedingung für eine von ihr vorgeschlagene politische Neutralitätserklärung. Eine solche käme erst in Frage, wenn man sich überhaupt mit dem Gedanken träge, sie evtl. auf freiem Fuße zu belassen.« Weiter heißt es:

»Auf die Frage, wann ihr das Kind evtl. genommen werden soll, wurde entgegnet, daß der Geheimen Staatspolizei nichts daran liegt, Mutter und Kind unnötig zu quälen, daß aber bittere Staatsnotwendigkeiten auf dem Spiele ständen. Im übrigen wäre die Ansicht des Anstaltsarztes ausschlaggebend.«

Angesichts des Drucks, den die internationale Kampagne für die Freilassung von Olga, Elise und insbesondere Anita Leocádia ausübte, war die Gestapo darauf bedacht, das Kind nicht von der Mutter zu trennen, bevor es gesund abgestillt war. Aus diesem Grund durfte Olga die Pakete mit Lebensmitteln erhalten, die Leocádia und Lygia Prestes ihr regelmäßig schickten. Im Juni 1937 hielt der Gefängnisarzt eine mögliche Trennung noch für verfrüht, da das Kind ausschließlich mit Muttermilch ernährt wurde, und empfahl, noch zwei Monate zu warten.

Dem bereits erwähnten Bericht des Oberkommandos der Wehrmacht zufolge galten Olga Benario und ihre Tochter weiterhin als deutsche Staatsbürgerinnen, da die brasilianische Regierung Olga in Ermangelung eines Dokuments, das ihre Ehe mit Luís Carlos Prestes bewiesen hätte, die brasilianische Staatsbürgerschaft verweigert hatte. Es lässt sich dem Bericht darüber hinaus entnehmen, dass Olga um Hafturlaub gebeten hatte – der ihr gewährt wurde –, um die notwendigen Maßnahmen zur Klärung ihrer Staatsbürgerschaft zu ergreifen.

»Sie wird also wahrscheinlich in den nächsten Tagen an die Russische Botschaft bzw. nach Moskau schreiben zwecks Übersendung einer Abschrift der Eintragung auf dem dortigen Standesamt, da sie mit Prestes in Moskau die Ehe geschlossen haben will.

Sie betont, daß sie seit ihrer Eheschließung mit Prestes nur noch als dessen Ehefrau gelebt und sich jeder politischen Betätigung enthalten habe.«

Die Frage der Ehe von Olga mit Prestes wurde in einer beträchtlichen Anzahl von Dokumenten im Gestapo-Archiv behandelt. Während Olga erklärte, sie habe Prestes 1932 während ihres gemeinsamen Aufenthaltes in Moskau geheiratet, beteuerte Prestes, der in brasilianischen Gefängnissen inhaftiert war und über die Erklärungen seiner Partnerin nicht informiert war, dass die Ehe in Frankreich geschlossen worden sei. Offensichtlich gab es keine gültige Heiratsurkunde, denn beide waren mit falschen Papieren nach Brasilien gereist und hatten immerzu im Untergrund gelebt. Olga hoffte, mit ihrer Tochter das Gefängnis verlassen zu können, wenn die Ehe und damit ihre brasilianische Staatsbürgerschaft anerkannt würden, da sie dann nicht mehr den faschistischen Gesetzen Deutschlands unterlägen. Da aus Gestapo-Dokumenten hervorging, dass Olga und Elise nur unter der Bedingung freigelassen werden würden, dass sie Informationen über Aktivitäten der Komintern lieferten, war dies jedoch unwahrscheinlich.

In dem Bestreben, irgendwie ein Dokument zum Nachweis ihrer Ehe zu erhalten, schrieb Olga im Juni 1937 an Leocádia, um sie über ihre »Rechtslage« zu informieren:

Liebe Mutter!

Ich schreibe Dir heute, um Dir einiges mitzuteilen, was meine augenblickliche Rechtslage betrifft.
Man hat mich gestern zur geheimen Staatspolizei gebracht und ein verantwortlicher Beamte derselben hat mir folgende Mitteilung gemacht:
Ich könne mit meiner Freilassung nicht rechnen, da ich eine Gefahr für die öffentliche Sicherheit u. Ordnung darstelle. Da es wahrscheinlich keinen Ort gibt, wo ich auf die Dauer mit dem Kinde in Haft gebracht werden kann, so müsste ich mich auf eine Trennung von der Kleinen gefasst machen u. mir selbst stehe für die weitere Zukunft, nach einer Reihe von Verhandlungen, die Überführung in ein Konzentrationslager bevor. Höchstwahrscheinlich würden von behördlicher Seite aus keine Schwierigkeiten gemacht werden, dass Du das Kind zu Dir holst. Auf meinen Einwand, dass ich durch die Heirat mit Carlos die deutsche Staatsbürgerschaft verloren habe u. überhaupt als politische Gefangene zu Unrecht nach Deutschland ausgeliefert worden sei, wurde mir geantwortet: Ich sei für die deutschen Behörden nur Olga Benario. Wenn Du mich auch als Deine Schwiegertochter anerkennst, so sei das eine familiäre Angelegenheit. Bis ich nicht im Stande sei, die Heiratsurkunden zu beschaffen, so lange werde ich von den Behörden als »ledig« betrachtet.
Nun liebe Mutter, Du siehst, dass die Beschaffung dieser Urkunde von grosser Bedeutung für meine u. des Kindes Zukunft ist. Ich bitte Dich deshalb, wenn es Dir möglich ist, Schritte zu unternehmen, um ein Duplikat der Standes-

amtlichen Registrierung unserer Heirat mit Carlos zu beschaffen. – Überhaupt wäre es mir lieb, wenn Du mich über Deine Bemühungen in meiner Angelegenheit unterrichten wolltest. Ich kann mir nicht denken, dass es keine Möglichkeiten geben sollte, einen derartigen Bruch der bestehenden internationalen Gesetze, wie es in meinem Falle ist, zu beseitigen.

Ich schreibe Dir darüber erst heute, da ich befürchtete, dass Briefe mit derartigem Inhalt von den Behörden zurück gehalten würden. Da man mir das Gegenteil zusicherte, so erwähne ich heute diese Angelegenheit. –

Was die Möglichkeit betrifft, die kleine Anita-Leocádia hier im Gefängnis bei mir zu behalten, so weiss ich von anderen Gefangenen, dass der Arzt einen Aufenthalt bis zum 9. bezw. 10. Lebensmonat gestattet.

Nicht wahr, liebe Mutter, es ist nicht unsere Art zu lamentieren, aber ich weiss wirklich nicht, wie ich auch noch eine Trennung von der Kleinen ertragen soll. Einem so kleinen Menschlein die Mutter rauben zu wollen – das ist zu grausam!

Liebe, es tut mir so leid, dass ich auch Dir diesen Kummer nicht ersparen kann. –

Im übrigen ist es erschreckend, wie sich derartige Aufregungen meinerseits auf die Kleine auswirken. Du wirst verstehen, dass trotz meiner Bemühungen ruhig zu bleiben, dies mir nicht ganz gelingt. Ich kann zwar die Zähne zusammenbeissen, aber die arme Kleine weint nun schon den ganzen Tag u. kann keine Ruhe finden.

Sei nicht böse, dass ich heute nicht mehr schreibe – aber ich bin zu traurig. Seit Deinem Brief vom 21.5. habe ich keine Nachrichten u. warte voll Ungeduld auf Deinen Brief.

Lass dich umarmen u. sei herzlich gegrüsst von der kleinen Anita-Leocádia u. von Deiner

Olga

Leocádia und Lygia unternahmen große Anstrengungen, um die von Olga benötigte Bescheinigung zu bekommen, jedoch ohne Erfolg. Über ihre Schwestern schickte Lygia einen Brief an die Verantwortlichen der Prestes-Kampagne in Moskau, in dem sie die Bedeutung eines solchen Dokuments für Olga und ihre Tochter erläuterte. Sie teilte ihnen mit, dass sie nach der Aussage Prestes', die Heirat habe in Frankreich stattgefunden, bereits dort versucht hatte, ein entsprechendes Dokument zu erhalten. In den französischen Gemeinden wurden die Register der Standesämter jedoch am Ende jedes Jahres geschlossen und versiegelt. In Anbetracht der Tatsache, dass die besagte Bescheinigung vor März 1935 datiert sein müsste, als Prestes und Olga Frankreich verließen, war es riskant, ein Dokument vorzulegen, das nicht im Register für eben dieses Jahr eingetragen war. Leocádia und Lygia schlugen in dem Brief als Lösung vor, ein solches Dokument direkt aus der Sowjetunion zu senden, da es dort keine vergleichbare Kontrolle oder das Risiko einer Nachforschung gäbe.

Um nicht als Jüdin anerkannt zu werden, bat Olga einen Notar in Berlin um eine Bestätigung darüber, dass sie 1925 aus der mosaischen, also jüdischen Religionsgemeinschaft ausgetreten war. Sie verlangte auch, dass dies in Anitas Geburtsurkunde vermerkt würde, in der bislang eingetragen war, dass die Mutter des Kindes Jüdin sei. Das Schreiben, mit der Olga Benario am 2. April 1925 ihren Austritt aus der »jüd. Glaubensgemeinschaft« erklärt hatte, fand sich unter den Dokumenten im Gestapo-Archiv.

Die Befreiung von Anita

Eng verbunden mit dem Nachweis über die Ehe von Olga und Prestes war auch die Frage der Vaterschaft von Anita. In Ermangelung einer Bescheinigung erkannte die Gestapo Leocádia nicht als Verwandte Anitas an, was die Schwierigkeiten bei dem Versuch der Großmutter erhöhte, das Kind nach Ablauf der Stillzeit aus dem Gefängnis zu holen. Kurz nach der Geburt von Olgas Tochter forderte die Gestapo vom brasilianischen Konsulat eine Erklärung über das Datum der Verhaftung von Prestes und Olga an, damit ein Facharzt die Möglichkeit der Vaterschaft von Prestes prüfen konnte. Auf Grundlage dieser Informationen erkannten die deutschen Polizeibehörden die mögliche Vaterschaft von Prestes zwar an, erklärten es jedoch für notwendig, die geltenden Rechtsvorschriften zu beachten und zu prüfen, ob eine rechtmäßige Ehe vorliegt oder nicht. Einem Artikel in der Frankfurter Zeitung zufolge untersuchte der Leiter der Abteilung für Rechtspflege im Reichsausschuß für Volksgesundheitsdienst, »ob die sogenannte ›faktische Ehe‹ des Sowjetstaates in Deutschland anerkannt werden könne«. Die Schlussfolgerung in dieser Angelegenheit lautete wie folgt:

> Da die bolschewistische Lehre in unversöhnlichem Gegensatz zur nationalsozialistischen Auffassung stehe, werde man, anders als bei der Prüfung der Rechtsgrundsätze anderer fremder Staaten, bei der Prüfung sowjetrussischer Rechtsgrundsätze davon auszugehen haben, daß die in ihrer Grund-

> haltung mit nationalsozialistischem Rechtsempfinden und damit auch mit den ›guten Sitten‹ in unserem Sinne nicht vereinbar seien. Nach deutscher Auffassung sei die Ehe die dauernde Lebensgemeinschaft zweier Menschen, auf der die Volksgemeinschaft aufbaue. Sie verlange besonderen staatlichen Schutz und eine entsprechende Form. Ein Zusammenleben von Mann und Frau ohne diese Zielsetzung der dauernden Lebensgemeinschaft könne niemals als Ehe im nationalsozialistischen Sinne angesehen werden und widerspreche der Auffassung von guter Sitte. Demgemäß könne also eine sowjetrussische ›faktische Ehe‹ nicht als eine Ehe innerhalb der deutschen Rechtsgemeinschaft anerkannt werden, und es müsse auch zweifelhaft sein, ob die eingetragenen sowjetrussischen Ehen anerkannt werden könnten.

Es war somit offensichtlich, dass die Ehe von Olga und Prestes von der Gestapo nicht anerkannt werden würde, selbst wenn ein in einem sowjetischen Standesamt ausgestellter Nachweis vorgelegt würde. In Wirklichkeit diente die Forderung nach solchen Unterlagen auch als ein Mittel, um die Gefangene unter Druck zu setzen, Informationen über ihre Aktivitäten in der Komintern zu liefern.

Im Juli 1937 reiste Leocádia in Begleitung von drei englischen Damen, die die Prestes-Kampagne unterstützten, nach Deutschland: der Ärztin Tilnay Miles, der Juristin K. Kimber und der Lehrerin Jean Donald. Sie beabsichtigten, Olga und Elise zu besuchen, Anita kennenzulernen und Eugenie Benario [die Mutter von Olga, Anm. d. Übersetzer*innen] in München aufzusuchen, um ihre Unterstützung zur Verbesserung von Olgas und Anitas

Lage zu bekommen. Doch sowohl Olga als auch Elise wurde der Besuch verweigert und Leocádia durfte ihre Enkelin nicht sehen. Der Reisegruppe wurde mitgeteilt, dass das Kind ohne die Bestätigung von Olga Benarios Ehe als »unehelich« gelte und Mutter und Tochter daher als deutsche Staatsbürgerinnen betrachtet würden. Die Gestapo erlaubte der Delegation jedoch, Obst und Geschenke für die Häftlinge zu hinterlassen. Den vier Frauen, die sich über das Schicksal des Kindes informieren wollten, wurde erklärt, dass bisher nichts entschieden sei.

In München wurden Leocádia und die englische Delegation zudem nicht von Olgas Mutter empfangen. Eugenie Benario behauptete, das Schicksal ihrer Tochter und Enkelin interessiere sie nicht. Sie forderte die Frauen stattdessen auf, ihre Wohnung unverzüglich zu verlassen. Sowohl in Berlin als auch in München wurden das Frauenquartett stets von Polizisten begleitet und überwacht, wie aus mehreren im Gestapo-Archiv gefundenen Dokumenten hervorgeht.

Anfang September 1937 wandte sich Leocádia an den Leiter der Gestapo, um die Übergabe ihrer Enkelin an sie zu beantragen, da es inzwischen als sicher galt, dass das Kind im Alter von zehn Monaten von seiner Mutter getrennt werden würde. Auch der Direktor des Frauengefängnisses Barnimstraße wandte sich mit der Bitte um Klärung, wann die Trennung erfolgen könne, an den Leiter der Gestapo.

Um ihre Enkelin zu retten, schrieb Leocádia an Heráclito Fontoura Sobral Pinto, den Verteidiger von Prestes, und bat ihn um Hilfe, damit die brasilianischen Behörden ihrem Sohn gestatteten, die Vaterschaftserklärung im Gefängnis zu unterzeichnen. Sobral Pintos Einsatz trug entscheidend dazu bei, die Widerstände des brasilianischen Außenministeriums und der Regierung zu überwinden. Nachdem die Erklärung des Vaters notariell beglaubigt worden war, wurde sie anerkannt, ins Deutsche übersetzt und an die Gestapo geschickt. Dieses Dokument ermöglichte die rechtliche Anerkennung des Sorgerechtes von Leocádia für ihre Enkelin.

In einem Anfang Oktober 1937 verfassten Bericht der Gestapo hieß es, dass zwar die Bestätigung der Ehe von Olga und Prestes fehle, die Vaterschaftsurkunde jedoch bereits vorliege. Dem Bericht war die Bemerkung angefügt, dass Anita Jüdin oder »zumindest Halbjüdin« sei und daher kein Interesse an ihrem Verbleib in Deutschland bestehe. In anderen Gestapo-Dokumenten wiederum wird Anita als »uneheliche« Tochter geführt.

Zum gleichen Zeitpunkt wurde Olgas Mutter Eugenie Benario in München, wo sie lebte, von der Polizei verhört. Damals erklärte sie, dass sie seit 1926 nichts mehr von ihrer Tochter gehört habe, die in der Familie als vermisst galt. Sie sagte auch, dass sie Olgas kommunistische Haltung nicht akzeptiere, dass sie eine »Fanatikerin« sei und dass sie den Kontakt zu ihr nur wieder aufnehmen würde, wenn sie den Kommunismus aufgäbe, woran sie nicht glaube. Eugenie teilte den Polizeibehörden mit, dass sie nicht bereit sei, ihrer Tochter oder Enkelin zu helfen, wenn ihr Vater ein Kommunist ist oder war, und weigerte sich, das Sorgerecht für Anita zu übernehmen.

In einem Vermerk bekräftigte der stellvertretende Leiter der Gestapo, Dr. Best, die Entscheidung, Leocádia Prestes zu erlauben, ihre Enkelin mitzunehmen. Er legte fest, dass der Säugling zunächst von der Brust auf die Flasche umgewöhnt werden sollte, um Anschuldigungen zu vermeiden, er sei ohne die gebotene

Sorgfalt abgegeben worden. Es wurde auch beschlossen, dass vor der Übergabe des Kindes ein ärztliches Attest ausgestellt werden sollte. Diese Information wurde unmittelbar an den Direktor des Frauengefängnisses Barnimstraße weitergeleitet. Die Gestapo ordnete auch an, den Zeitpunkt, an dem das Kind an seine Großmutter gegeben werden könnte, mitzuteilen, um sich dem Vorwurf zu entziehen, dies sei übereilt geschehen. Vor der Übergabe des Kindes an Leocádia Prestes wurde auf eine strenge medizinische Untersuchung bestanden.

Das Engagement des berühmten französischen Juristen François Drujon, den der Fall der Befreiung von Mutter und Tochter gerührt hatte, war von großer Bedeutung. Er reiste nach Deutschland, um mit der Gestapo zu sondieren. In Zusammenarbeit mit dem deutschen Rechtsanwalt Heinrich Reinefeld, einem Sozialdemokraten und Antifaschisten, erhielt er die Erlaubnis, das Kind im Gefängnishof beim Hofgang zu sehen. Drujon erhielt von den deutschen Behörden die Zusage, dass Anita ihrer Großmutter väterlicherseits übergeben würde, sobald ihnen eine offizielle Vaterschaftsurkunde von Prestes vorgelegt würde, da die Gestapo in Ermangelung einer elterlichen Heiratsurkunde Leocádias Sorgerecht für ihre Enkelin nicht anerkannte. Was Olga betrifft, so wurde dem Anwalt keine Hoffnung auf eine mögliche Freilassung gemacht. In einem Dokument der Gestapo von Anfang Dezember 1937, das an Heinrich Himmler übermittelt wurde, ist folgendes festgehalten:

> Es ist beabsichtigt, die Benario, die bisher über ihre zweifellos hervorragende kommunistische Tätigkeit im internationalen Masstabe hartnäckig jede Angabe verweigert hat, in nächster

> Zeit in ein Konzentrationslager zu überführen. Bis dahin muss daher auch die Frage der weiteren Unterbringung des Kindes, das sich noch bei der Mutter befindet, geklärt werden. Das Angebot der Leocádia Prestes bedeutet somit einen Ausweg aus den Schwierigkeiten, die sich hieraus ergeben würden, zumal die in München aufhältliche Mutter der Olga Benario die Aufnahme jeglicher Beziehungen zu ihrer Tochter abgelehnt hat und infolgedessen auch nicht für die Aufnahme des Kindes in Frage kommt.

Anschließend wurde versucht, die Entscheidung zu rechtfertigen, das Kind der Großmutter väterlicherseits zu übergeben:

> Wenn auch mit dem Aufleben der Hetze in der Auslandspresse nach Übergabe des Kindes an die Leocádia Prestes zu rechnen ist, so dürfte dies jedoch ohne grosse Bedeutung sein, da die Hetzpresse die Fortnahme des Kindes sicher auch zu Propagandazwecken gegen Deutschland ausnutzen würde, wenn das Kind im Reichsgebiet in einer Anstalt untergebracht werden würde.
>
> Gegen die Annahme des Angebots der Leocádia Prestes dürften daher wohl keine Bedenken bestehen.

Schließlich kam es zu der folgenden Feststellung:

»Nach Auskunft des Strafanstaltsdirektors wurde das Kind bis vor kurzem noch von der Mutter genährt. Ich habe daher veranlasst, dass die Ernährung des Kindes durch die Flasche vorzunehmen ist. Diese Massnahme ist durchgeführt worden. Nach Angabe des Anstaltsarztes kann das Kind nunmehr ohne

Leocádia Prestes in den 1930er Jahren.

Befürchtung einer Schädigung desselben von der Mutter getrennt werden.« In einem weiteren Gestapo-Dokument, das an den Direktor des Gefängnisses Barnimstraße gerichtet war, wurde angeordnet, dass Olgas Tochter »kurz vor der Abholung eingehend von dem Anstaltsarzt untersucht und auch forografiert wird« und dass »das Original des Untersuchungsbefundes, sowie ein Lichtbild des Kindes« bei der Gestapo verbleiben sollten. Außerdem müsse sichergestellt sein, »dass der Beauftragte der Leocádia Prestes sowie etwaige Begleiter oder Begleiterinnen desselben unter keinen Umständen die Möglichkeit erhalten, die Olga Benario zu sehen, oder zu sprechen.« Am Vorabend der Rettung Anitas durch ihre Großmutter legte der Gefängnisdirektor der Gestapo das ärztliche Attest und ein Foto des Kindes vor und teilte der Behörde mit, dass Olga Benario Prestes bislang nicht darüber informiert worden sei, dass ihre Tochter am Folgetag um 13 Uhr abgeholt werden würde.

Am 21. Januar 1938, im Alter von vierzehn Monaten, wurde das Kind schließlich von der Gestapo an seine Großmutter Leocádia und seine Tante Lygia übergeben, die es in Begleitung der Rechtsanwälte Drujon und Reinefeld aus dem Gefängnis abholten. Die Verwandten erhielten jedoch nicht die Erlaubnis, Olga zu sehen oder zumindest über das Schicksal ihrer Tochter zu informieren. In den Archiven der Gestapo befindet sich ein Dokument, in dem alle Bewegungen von Leocádia, Lygia und Drujon von ihrer Ankunft in Berlin am 16. Januar 1938 an bis hin zu ihrer Rückkehr nach Paris von verdeckten Ermittlern minutiös aufgezeichnet wurden. Leocádia und Lygia erlebten eine Zeit großer Anspannung. Sie befürchteten, das Kind wieder abgeben zu müssen, da das Dokument, das ihnen ausgehändigt wurde, nur den

Namen *Anita Benario* enthielt – sie also ohne jeden Beweis dafür dastanden, dass das Kind nun unter der Vormundschaft der Großmutter väterlicherseits stand.

Nach der Ausreise Anitas wurde Olga ein Protokoll über die Übergabe des Kindes vorgelegt. In einem Polizeibericht heißt es: »Die Benario benahm sich dem Gefängnisdirektor und dem Amtsvormund gegenüber recht herausfordernd.« In der Zwischenzeit informierte der Gefängnisdirektor die Gestapo:

> Olga Benario wusste sehr wohl, dass sie das Kind, das inzwischen fast 14 Monate alt geworden war, bald würde herausgeben müssen. Es bestand jedoch auch sonst kein hinreichender Grund, ihr den Tag und die Stunde der Abholung des Kindes besonders zeitig mitzuteilen. Bei ihrer politischen Durchtriebenheit und Unzuverlässigkeit musste damit gerechnet werden, dass sie auf dem Wege über die Kleider des Kindes Kassiber an das Ausland vermittelt.

Um Olga über das Befinden ihrer Tochter zu berichten, telegrafierte Leocádia ihrer Schwiegertochter gleich nach ihrer Ankunft in Paris am 22. Januar 1938: »Anitas Reise ist gut verlaufen Küsse Grossmutter«. Die Nachricht wurde jedoch erst drei Tage später von der Gestapo an Olga übergeben.

Über die Ankunft von Prestes' Tochter in der Stadt, die Dank der internationalen Solidaritätsbewegung möglich wurde, berichtete auch die Pariser Presse. Am folgenden Tag gab der Anwalt François Drujon, der sich sehr für die Befreiung von Anita eingesetzt hatte, in seinem Haus einen Empfang, um der durch die Prestes-Kampagne mobilisierten französischen Gemeinschaft das bereits »berühmte Baby« zu präsentieren, zu dessen Rettung er maßgeblich beigetragen hatte.

Olga war empört darüber, dass sie nicht über die Übergabe ihrer Tochter an Leocádia informiert worden war, und richtete einen energischen und außerordentlich mutigen Brief an Reinhard Heydrich, den Chef der Sicherheitspolizei, der die Gestapo unterstellt war:

> An den Chef der Sicherheitspolizei,
> Herrn Heydrich
>
> Hiermit beschwere ich mich über das Vorgehen der geheimen Staatspolizei in meiner Angelegenheit.
> Am 5. März 1936 in Brasilien verhaftet, wurde ich von dort nach Deutschland ausgeliefert u. befinde mich seit dem 18. Oktober 1936 im Frauengefängnis in Schutzhaft. Im November 1936 wurde ich Mutter eines Kindes.
> Am 21. Jan. 1938 wurde ich vom Gefängnis-Direktor, ohne jegliche Vorbereitung aufgefordert, mein Kind fertig zu machen, da es abgeholt werde. Man gestatte es mir nicht, mein Kind persönlich meiner Schwiegermutter, Frau Leocádia Prestes, zu übergeben. Ich konnte ihr auch nicht die dem Kinde bis jetzt gewohnte Lebensweise erklären.
> Ein derartiges Verhalten mir gegenüber erscheint mir ungerechtfertigt u. bitte ich nun folgendes:
> 1. Haftüberprüfung, die ich mich nun beinahe 2 Jahre in Haft befinde.
> Falls Haftentlassung aus mir unerklärlichen Gründen abgelehnt wird, bitte ich

2. Die Überführung aus der Strafanstalt an einen Ort mit der für Schutzhaft-Gefangene vorgesehenen Ordnung
3. Aufhebung der Einzelhaft
4. Die Erlaubnis Briefe in französischer Sprache zu erhalten, da es sonst meiner Schwiegermutter, die der deutschen Sprache nicht mächtig ist, ausserordentlich erschwert wird, mich über die Entwicklung meines Kindes zu unterrichten.
5. Eine in bestimmten Abständen zu bemessende Sprecherlaubnis, damit ich mein Kind sehen kann.

Ihren Bescheid erwartend, zeichne ich
Hochachtungsvoll

Olga Benario-Prestes

Die Antwort der Gestapo auf Olgas Brief an den Gefängnisdirektor offenbart das unerbittliche und aggressive Verhalten der Behörden des »Dritten Reichs« gegenüber dieser »fanatischen Kommunistin«:

Ich bestätige hiermit den Eingang des vorbezeichneten Schreibens und der Beschwerde des Schutzhäftlings Olga Benario. Mit den von dort getroffenen Maßnahmen erkläre ich mich durchaus einverstanden. Sie waren bei der bekannten Gerissenheit dieser fanatischen Kommunistin unbedingt erforderlich.
Ich bitte ihr hinsichtlich ihrer Beschwerde folgendes zu eröffnen:

1.) Bereits vor Monaten ist ihr von der Geheimen Staatspolizei mitgeteilt worden, daß ihr das Kind in absehbarer Zeit abgenommen werden müsse. Lediglich die Frage der Unterbringung war z.Zt. noch ungeklärt. Die Übergabe des Kindes an Frau Prestes bedeutet ein großes Entgegenkommen der Staatspolizei. Die Fortnahme des Kindes geschah also *nicht* ohne ihre vorherige Kenntnis. Ein Grund, ihr den Tag dieses Ereignisses lange Zeit vorher mitzuteilen, lag nicht vor. Außerdem hätte dies den staatspolizeilichen Interessen widersprochen. Das Gleiche traf auch für die persönliche Übergabe des Kindes an die Frau Prestes zu.
2.) Haftentlassung und Aufhebung der Einzelhaft wird abgelehnt.
3.) Briefwechsel wird *nur* in deutscher Sprache gestattet.
4.) Erteilung einer Sprecherlaubnis für Angehörige der Benario wird grundsätzlich abgelehnt. Da das Kind sich jetzt in Paris befindet, entfällt auch jede Möglichkeit und Notwendigkeit hierfür.
Die Beschwerde der Olga Benario wird in allen Punkten als unbegründet zurückgewiesen. Mit Rücksicht darauf, daß der Benario bisher viel Entgegenkommen gezeigt worden ist, bitte ich ihr im Hinblick auf ihr anmaßendes Verhalten eindeutig klar zu machen, daß sie sich wegen bewiesener politischer Unzuverlässigkeit in Schutzhaft und nicht in einem Sanatorium befindet. Sollte sie sich in Zukunft nicht eines angemessenen Verhaltens befleißigen, so hat sie mit verschärften Maßnahmen und Entziehung aller Vergünstigungen zu rechnen.
Ferner teile ich ergebenst mit, daß die Überstellung der Benario in das KZ.-Lager Mooringen veranlaßt worden ist.

In einem Brief an ihren Mann schrieb Olga, dass die Zeit vom 5. März 1936 (dem Tag ihrer Verhaftung) bis zum 21. Januar 1938 die Schrecklichste ihres Lebens war: Nachdem Anita abgeholt wurde, wusste sie mehrere Tage lang nicht, was mit ihrer geliebten Tochter geschehen war, die sie in ihren Briefen an Prestes voller Herzenswärme beschrieben hatte.

Einige Tage nach der Trennung von Anita beschloss Olga, ihrer Mutter zu schreiben, von der sie nicht wusste, dass diese ihrer Enkelin jegliche Hilfe verweigert hatte:

> Frau Eugene Benario,
> Liebe Mutter!
>
> Vielleicht interessiert es Dich doch Dein Enkelkind kennen zu lernen u. deshalb schicke ich Dir eine Photographie der Kleinen Anita-Leocádia. Sie ist nun 14 Monate alt u. wurde Ende vorigen Monats von meiner Schwiegermutter nach Paris gebracht.
> Mir selbst geht es den Verhältnissen entsprechend.
>
> Es grüsst Dich vielmals
> Deine Olga

Offenbar hoffte Olga, dass Eugenie ihrer Enkelin gegenüber eine freundliche Haltung zeigen würde.

Doch die Befreiung Anitas aus den Fängen des Nationalsozialismus ist unbestreitbar das Ergebnis des Einflusses und des weltweiten Wirkens der Prestes-Kampagne – und ein großer Sieg der internationalen Solidarität. Ein im Gestapo-Archiv gefundenes Dokument gibt einen Auszug einer in Deutschland veröffentlichten Zeitschrift wieder:

> Das zweijährige Kind des brasilianischen Freiheitskämpfers Carlos *Prestes*, das bisher mit seiner Mutter Olga Benario-Prestes im Nazigefängnis gefangen gehalten wurde, ist in Paris eingetroffen. Die Mutter des Kindes befindet sich noch in den Händen der Gestapo. Die Freilassung des Kindes ist der in der ganzen Welt geführten Kampagne zu verdanken.

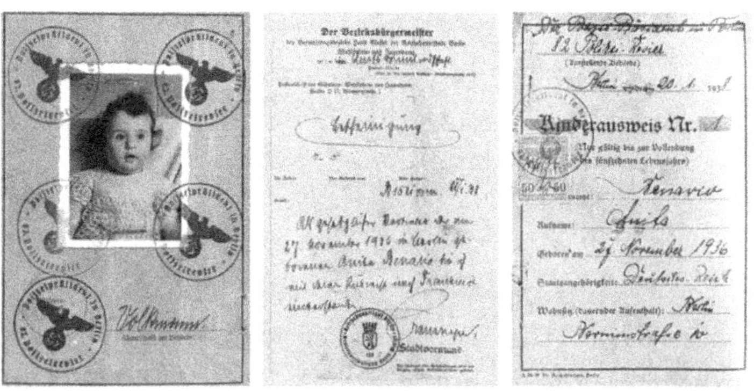
Der Bezirksbürgermeister

Kinderausweis Nr.

Der Kinderausweis von Anita Prestes (hier Benario genannt), 1938.

Die Überführung von Olga in das Konzentrationslager Lichtenburg

Am 18. Februar 1938, kurz nach der Rettung von Anita, wurde Olga in das Konzentrationslager Lichtenburg in Prettin überführt. Das Lager war in einem Renaissanceschloss untergebracht, das zur Zeit der Invasion Napoleons zur Unterbringung seiner Truppen gedient hatte und während des Ersten Weltkriegs von der deutschen Armee für denselben Zweck genutzt wurde.

Olgas Lebensbedingungen dort waren deutlich schlechter als in der Barnimstraße: Kälte, Hunger, körperliche Züchtigung waren an der Tagesordnung und es gab noch größere Schwierigkeiten bei der Kommunikation mit ihrer Familie. In einer Mitteilung der Gestapo an den Leiter des Lagers Lichtenburg heißt es:

> Ferner bitte ich der Benario zu eröffnen, daß die Übersendung von Lebensmittelpaketen seitens ihrer Verwandten nicht zugelassen wird, da die Notwendigkeit hierfür nicht mehr besteht. Mit Rücksicht auf das bisherige Verhalten der Volljüdin Benario, die eine besonders hartnäckige und gerissene Kommunistin ist, besteht auch keine Veranlassung, ihr anderen Schutzhäftlingen gegenüber irgendwelche Vergünstigungen zu gewähren.

Auf Olgas Bitte hin schickten Leocádia und Lygia ihr Bücher und Zeitschriften. Olga wollte ihr Studium der portugiesischen Sprache fortsetzen und fragte ihre Schwiegermutter nach brasilianischer

Literatur. Neben anderen Büchern und Zeitschriften gelangten der Roman »Iracema« von José de Alencar und die französische Zeitschrift »L'Illustration« in die Gestapo-Zentrale, deren Zustellung an die Empfängerin durch die polizeiliche Zensur auf der Grundlage der folgenden Erwägungen abgelehnt wurde:

> Der in portugiesischer Sprache geschriebene Roman »Iracema« von Lenda Do Ceara sowie die französische Zeitschrift »L'Illustration« dürften sich auf keinen Fall zur Aushändigung an den Schutzhäftling Olga Benario eignen. Das portugiesische Buch beschreibt den Lebenskampf eines brasilianischen Freiheitskämpfers und hetzt in höchstem Masse gegen eine geordnete Regierungsform. Die Zeitschrift L'Illustration bringt einen zum Teil sehr gehässigen Artikel über den Anschluss Österreichs an Deutschland. Gegen die restlichen drei Bücher ist nichts einzuwenden.

Die Strenge und die sonderbare und absurde Art der Zensur, der Olga durch die Gestapo unterworfen war, werden in solchen Passagen deutlich. Dies wirkte sich manchmal auch auf die Korrespondenz mit ihrer Familie aus.

In der Zwischenzeit lief die Prestes-Kampagne weiter. Im Juli 1938 wandte sich die Präsidentin der französischen Sektion der Internationalen Liga der Mütter und Erzieherinnen für den Frieden an Heinrich Himmler, der auch Chef der Gestapo war. Sie erhob Protest gegen die Entscheidung, Olga die Lebensmittelpakete zu entziehen, die sie bis dahin erhalten hatte, da dadurch Schaden ihrer Gesundheit in Kauf genommen würde.

Mehr als zwei Jahre nach ihrer Auslieferung an Deutschland

war das Ringen um die Anerkennung ihrer brasilianischen Staatsbürgerschaft noch immer erfolglos, sodass Olga weiterhin den faschistischen Gesetzen des »Dritten Reiches« unterlag. Sie versuchte noch immer, eine Urkunde für die Heirat mit Prestes zu erhalten, die sie als Bürgerin Brasiliens bestätigt hätte. In einem Brief an ihren Mann schrieb Olga im Januar 1939: »Es ist mir unverständlich, dass nicht die Fragen meiner Staatsangehörigkeit u. alles andere damit zusammenhängende geregelt werden können.«* Tatsächlich konnten Leocádia und Lygia, wie bereits erwähnt, weder in Frankreich noch in der Sowjetunion ein Dokument erhalten, das die nicht vorhandene Heiratsurkunde ersetzt hätte.

Infolge dieser ausweglosen Situation verlangte die Gestapo im Januar 1939, dass die Gefangene einen Antrag auf Änderung ihres Namens unterschreibt – entsprechend dem Gesetz vom 17. August 1938, das jüdische Frauen dazu verpflichtete, ihrem Vornamen den Namen *Sara* hinzuzufügen – bei Männern war es der Name *Israel.* Olga weigerte sich, unter Berufung auf ihre eigentliche brasilianische Staatsbürgerschaft, dieser Aufforderung nachzukommen. Die Gestapo begann dennoch, sie immer häufiger mit dem Namen Olga Sara anzusprechen und ihrer Kennzeichnung als *Kommunistin* die als *Jüdin* hinzuzufügen. Das verschlechterte nicht nur ihre Situation in den Konzentrationslagern, sondern führte auch zu härterer Behandlung bei den Verhören, denen sie während der Zeit ihrer »Schutzhaft« unterzogen war.

* Der Brief von Olga an Prestes ist auf den 15.01.1938 datiert, jedoch lässt der Inhalt darauf schließen, dass der Brief im Januar 1939 verfasst wurde.

Olga im Konzentrationslager Ravensbrück

Im Mai 1939 wurde Olga mit einer Gruppe von Häftlingen in das neueröffnete Konzentrationslager Ravensbrück deportiert, das 80 Kilometer nördlich von Berlin lag. Die Schrecken, die Tausende von Frauen aus verschiedenen Ländern, die das Lager durchliefen, erlebten, werden vielfach beschrieben, so etwa in einem von der englischen Journalistin Sarah Helm veröffentlichten Buch.*

Im Monat vor ihrer Verlegung nach Ravensbrück schrieb Olga ihrer Schwiegermutter und ihrer Schwägerin, dass sie möglicherweise nach Mexiko ausreisen würde, wo sich Leocádia, Lygia und Anita seit November 1938 aufhielten:

> Kurz vor den Osterfeiertagen wurde ich befragt, ob u. wohin ich beabsichtige auszuwandern. Ich bin natürlich bereit, überall hinzugehen, wo man es mir erlaubt, würde aber am liebsten zu Euch, nach Mexico kommen. Ich nehme an, dass Ihr auch die Möglichkeit finden werdet, für mich die Reisekosten aufzubringen. Ich bitte nun, liebe Mama, Dich mit den Behörden in Verbindung zu setzen u. alle Schritte zu unternehmen, um mir die nötigen Papiere zur Ausreise zu beschaffen. Wenn nötig, schicke ich Dir, oder wen Du mir sonst empfiehlst, eine Vollmacht, um alles zu regeln. Ausserdem sollst

* Helm, Sarah, *Ohne Haar und ohne Namen. Im Frauen-Konzentrationslager Ravensbrück*, Darmstadt 2016.

> Du mich selbstverständlich in Deinen Briefen über die Entwicklung der ganzen Sache auf dem Laufenden halten. Wird mir überhaupt die zuständige Regierung eine Einreiseerlaubnis geben? Ich weiss natürlich nicht, zu welchem Zeitpunkt mich die Behörden freilassen werden, nehme aber an, dass die Voraussetzung dazu die fertigen Dokumente einschliesslich Schiffskarte sind.

Dieser Brief von Olga wurde jedoch von der Gestapo einbehalten. Nach der Verlegung der Gefangenen hieß es in einem Schreiben an den Direktor des neuen Konzentrationslagers:

> Die B. teilt der Frau Prestes in diesem Schreiben mit, daß sie mir ihrer evtl. Entlassung rechnen könnte, wenn sie auswandere. Eine derartige Maßnahme ist im Falle der Jüdin Olga Benario jedoch nicht beabsichtigt und kann in absehbarer Zeit aus staatspolizeilichen Gründen auch nicht in Erwägung gezogen werden. Ich bitte der B. daher den Brief vom 27.4.1939 zurückzugeben und ihr zu eröffnen, daß ihre Entlassung zur Zeit noch nicht in Frage komme.
>
> Die Beförderung des Briefes muß abgelehnt werden, weil auf Grund der darin enthaltenen Mitteilung über die evtl. Entlassung einmal mit einer erneuten Propagandaaktion sowie mit zahlreichen Gesuchen zugunsten der B. zu rechnen wäre und nach Ablehnung eine neue Pressehetze gegen das Reich einsetzen würde.

Während ihres Aufenthalts im Lager Ravensbrück wurde Olga mehrmals in Einzelverwahrung zu einer Berliner Polizeidienststelle gebracht und dort verhört. Ein polizeiliches Dokument vom 25. Mai 1939 enthielt die folgende Erklärung:

> Die Jüdin Olga Benario befindet sich seit dem 18.10.36 in Schutzhaft. Bei ihrer letzten Vernehmung hat sie nichts Wesentliches ausgesagt. Es ist nicht ausgeschlossen, daß sie jetzt nach der langen Haftdauer bereit ist, umfassende Angaben über ihre Arbeit im Auftrage der Komintern zu machen.
>
> Wie aus ihren Briefen zu ersehen ist, hängt sie sehr an ihrem Kind, das z. Zt. bei Frau Prestes in Mexiko lebt. Bei rückhaltloser Aussage könnte ihr die Prüfung der Frage ihrer evtl. Entlassung in Aussicht gestellt werden.
>
> Es wird daher vorgeschlagen, die B. nochmals durch einen Beamten befragen zu lassen.

Einige Tage später erklärte ein hochrangiger Gestapobeamter in einem weiteren Dokument seine Zustimmung dazu, dass »Benario in nächster Zeit wieder einmal von hier aus befragt wird, schon, um nicht den Eindruck aufkommen zu lassen, als wenn das Gestapo ihr niemals Gelegenheit gegeben hätte zu einem offenen Geständnis. Im Übrigen ist sie als internationale Agentin anzusehen, die durch die Moskauer Schule gegangen und auch in Deutschland in absolut aktiver Weise hervorgetreten ist. Eine etwaige Abschiebung nach Mexiko kommt nicht in Frage.«

Ende Juni 1939 sandte das British Passport Control Office in Berlin eine Nachricht an Olga Benario-Prestes. Der Wortlaut:

> Ich teile Ihnen ergebenst mit, dass ich die Erlaubnis erhalten habe, Ihren Pass (bzw. Paesse) zur Einreise nach England zu visieren.
>
> Ich bitte Sie gelegentlich mit einem noch gueltigen Pass bei uns vorsprechen zu wollen, bzw. denselben an uns durch die Post samt Porto (Pfg. 46 innerhalb oder Pfg. 54 ausserhalb Berlins) einzusenden. Die Visumsgebuehr beträgt RM. 8.30 pro Pass. Gebuehren werden nicht durch Nachnahme erhoben.

Nach Erhalt dieser Mitteilung wandte sich der Kommandant des Lagers Ravensbrück an die Gestapo und bat um Mitteilung, »wie sich die Benario-Prestes in ihrer Auswanderungsangelegenheit zu verhalten hat.« Die Antwort der zuständigen Behörden war eindeutig:

> Eine Entlassung der Jüdin Olga Benario kommt in absehbarer Zeit aus staatspolizeilichen Gründen nicht in Frage, auch wenn sie beabsichtigt, das Reich zu verlassen.
>
> Ich bitte der Benario in geeigneter Weise zu eröffnen, daß alle Bemühungen ihrerseits bezüglich Erlangung eines Einreisevisums für einen europäischen oder Überseestaat zwecklos sind und nicht zugelassen werden. Ebenso sind irgendwelche Mitteilungen dieser Art in Briefen an ihre Verwandten unerwünscht.

Es war klar, dass die Gestapo Olgas Ausreise nur dann zustimmen würde, wenn sie ihre kommunistischen Aktivitäten »gestehen« würde. Zu diesem Zweck brachte man Olga Anfang August 1939 erneut nach Berlin. In einer langen, handschriftlichen Erklärung verfasste die Gefangene eine fantasievolle Darstellung angeblicher Aktionen, um ihre tatsächlichen Tätigkeiten in der Kommunistischen Jugend und in der Komintern zu verbergen. Darin leugnet sie unter anderem jede politische Aktivität während ihres Aufenthalts in Moskau, bekräftigt aber ihre dortige Heirat mit Prestes im Jahr 1932. Sie betonte, dass sie kein Interesse mehr an der Politik habe und dass ihr einziger Wunsch darin bestehe, ihre Tochter aufwachsen zu sehen.

Angesichts Olgas Aussage verfassten die Gestapo-Behörden den folgenden Bericht:

> Die Schutzgefangene Olga Benario wurde hier weisungsgemäß erneut über ihre Kominterntätigkeit verhört, wobei zur Sache wesentliche Erfolge nicht zu verzeichnen sind.
>
> Sie wurde zu diesem Zwecke von K.Z.L.-Ravensbrück nach dem Polizeipräsidium Berlin überstellt. Bei ihrem ersten Verhör am 2.8. d.J. wurden mit ihr nochmals die Dinge über ihre Tätigkeit als internationale Agentin besprochen, wobei sie immer wieder erklärte, überhaupt derartig nicht tätig gewesen zu sein. Genauso wie vor 2½ Jahren, als sie zuerst zu diesen Dingen vernommen worden ist, wurde ihr eröffnet, dass nach einem eingehenden Eingeständnis gegebenenfalls der Frage einer Schutzhaftentlassung näher getreten werden kann. Nach längeren Besprechungen erklärte sie, freiwillig, sich zur Sache selbst eigenhändig geschrieben äußern zu wollen, weil sie sich bei dem Schreiben besser konzentrieren könne. Diese wurde ihr gestattet, und sie hat es auch getan; vergl. hierzu das anliegende handgeschriebene Schriftstück. Ihre Angaben haben jedoch die geforderte Schilderung über

ihre Kominterntätigkeit nicht ergeben. Obwohl sie im Herbst 1928 – nach der Befreiung Braun's – in Moskau bei dem Weltkongress der Kommunistischen Jugend Internationale als Vertreterin der weiblichen Jugend in das Kongreß-Präsidium gewählt worden war, will sie jedoch keine weitere Tätigkeit für das Jugend-Ekki ausgeübt haben. Dieses ist unglaubhaft. Sie hält auch heute noch mit der Wahrheit zurück. Die 2 ¾ jährige Schutzhaft hat auf sie bestimmt noch nicht den gehörigen Einfluß ausgeübt.

Während der Besprechungen ist ihr, genau so wie vorher, in durchaus verständlichen Worten gesagt worden, daß das deutsche Volk von ihr als deutsche Volksgenossin das Recht in Anspruch nehmen muß, eine genaue Schilderung über ihre die deutschen Lebensinteressen schädigende politische Vergangenheit zu fordern. Dieses sieht sie als Jüdin nicht ein, weil sie weiß, daß der Kommunismus in seinen Ursprüngen rein jüdisch, freimauerisches Werk ist.

Der Frage einer vielleicht in Aussicht genommenen Schutzhaftentlassung, kann deshalb bis auf weiteres nicht mehr näher getreten werden. Es lohnt sich nicht mehr noch weitere Zeit für sie aufzuwenden.

In der anliegenden von ihr handschriftlich geschriebenen Selbstäußerung hat sie nur das gesagt, was sie bereits bei ihrer Vernehmung vom 27.8.37 (Bl. 13–21) angegeben hat.

Während Olga in Berlin verhört wurde, wandte sich Leocádia, die nichts von Olgas aktueller Situation wusste, mit folgendem Schreiben an die Leitung der Gestapo:

Meine Schwiegertochter Olga Benario Prestes befindet sich in Haft, in Deutschland, auf Anordnung der Geheimen Staatspolizei, seit Oktober von 1936. In jetzigem Moment ist sie in dem Konzentrationslager von Ravensbrück bei Fuerstenberg, Mecklenburg. Bis heute ist sie keinem Prozess unterworfen worden; ihre Haft ist ausschliesslich preventiven Charakters.

Auf Grund des angewiesenens, erlaube ich mit respektvoll Ihre Exzellenz um die Freiheit meiner Schwiegertochter zu bitten. Sie koennte kommen bei mir zu leben, in México, dessen Regierung die noetige Residenzerlaubniss bereits zugewilligt hat.

Sehr dankbar werde ich verbleiben, sollte Ihre Exzellenz daran erinnern, dass seit Januar von 1938, sich befindet unter meiner Obhut die Tochter von Olga Benario-Prestes, meine kleine Enkelin Anita Leocádia, die mir anvertraut wurde durch die hohen Autoritaeten der Geheimen Staatspolizei, von Deutschland. Heute ist sie 2 Jahre und 8 Monate alt. Es scheint mir gerecht und menschlich, dass die Mutter nun endlich kommen koennte um sich mit ihrem Toechterlein zu vereinigen und ihre Mutterpflichten an ihr auszuueben, was doch die Kleine sehr nötig hat.

Ich habe die Hoffnung, das Ihre Exzellenz meiner Bitte Gehoer leisten wird und einen Beschluss in moeglichster Kuerze fassen wird, bewegt durch dasselbe Gefuehl von Verstaendnis und von dem guten Willen, mit denen der Fall von Meiner Enkelin Anita Leocádia im Januar von 1938 geschlichtet wurde.

Respektvoll,
Leocádia Prestes

Da es für Olga offenkundig möglich gewesen wäre, sowohl in England als auch in Mexiko Asyl zu finden, war ihre Weigerung, zu »gestehen«, für die Gestapo absolut unerträglich. In dem Brief eines Vertreters der Gestapo an das deutsche Außenministerium befand sich eine Antwort für Leocádia Prestes:

> Der Benario ist wiederholt Gelegenheit gegeben worden, sich über ihre für die Komintern geleistete Arbeit zu äußern. Das Ergebnis war jedoch bisher negativ. Bei ihrer eventuellen Freilassung wäre mit Bestimmtheit damit zu rechnen, daß sie sich im Auslande an der deutschfeindlichen Hetzpropaganda vermöge ihrer Intellegenz hervorragend beteiligen würde. Ihrer Entlassung vermag ich daher aus staatspolizeilichen Gründen in absehbarer Zeit noch nicht zuzustimmen.
>
> Eine unmittelbare Beantwortung des Gesuches halte ich jedoch nicht für zweckmäßig, da das Antwortschreiben des Geheimen Staatspolizeiamtes von der Leocádia Prestes, die ebenfalls als alte Kommunistin bekannt ist, deutschfeindlichen Kreisen in Mexico für Propagandazwecke zur Verfügung gestellt werden würde.
>
> Ich bitte daher, die zuständige deutsche Vertretung in Mexico zu beauftragen, Frau Leocádia Prestes, Av. Baja California 325, departemento 10, Mexico D. F., aufhältlich, in geeigneter Weise auf ihr Gesuch vom 4.8.39 mündlich zu bescheiden.

Nach den Verhören, denen sie im August 1939 unterzogen worden war, schrieb Olga, die noch immer in Berlin inhaftiert war, an Leocádia und Lygia. Sie zeigte sich dabei sehr pessimistisch angesichts ihrer Situation: »Und dies leider nicht ohne Grund. – Seid mir nicht böse, dass ich so schreibe. Es ist aber wirklich nichts Erfreuliches in meinem Leben u. der einzige Lichtblick – Eure Briefe, fehlen mir schon so lange.«

In einem weiteren Brief, den sie zwei Wochen später noch aus dem Gefängnis in Berlin an ihre Schwiegermutter und ihre Schwägerin schickte, schrieb Olga:

> Ich sitze den ganzen Tag in meiner Zelle u. halte stille Zwiesprache abwechselnd mit Carlos u. Euch. Ihr könnt Euch vorstellen, mit welcher Unruhe u. Sorge ich die tägliche Zeitung erwarte. Der einzige beruhigende Gedanke für mich ist, Euch Ihr lieben, so weit weg von Europa zu wissen. Für mich selbst wird es wohl schwerer denn je. Oft denke ich, dass es zum Teil doch ganz gut war, dass ich damals vor 3½ Jahren nicht wusste, was mir alles noch bevorsteht. Ich weiss nicht, ob der Mut ausgereicht hätte, dies alles auf die Schultern zu nehmen. Aber denkt nun nicht, dass ich den Kopf hängen lasse. Ich bemühe mich stets so zu verhalten, dass einstmals mein Anita-Kind sich nicht ihrer Mutter zu schämen braucht. – Aber in mir selbst wächst von Tag zu Tag mehr die Vorstellung, dass es sein könnte, dass ich mein Kind niemals wiedersehen werde. Nun, jeder muss eben sein Schicksal tragen u. ich verstehe, es geht um andere Dinge, als um ein Mutterherz voll Sehnsucht.

Während Olgas Ausreise aus Deutschland von der Gestapo wieder einmal untersagt wurde, übermittelte der mexikanische Generalkonsul in Hamburg folgende Mitteilung an die KZ-Leitung Ravensbrück:

Hamburg, den 31. August 1939.

Frau OLGA BENARIO DE PRESTES,
Ravensbruck/Meklenburg.

Mit Gegenwärtigem bitte ich Sie davon Kenntnis zu nehmen, dass bei diesem Generalkonsulat eine Einreiseerlaubnis für Sie nach Mexiko vorliegt. Sie können demnach vormittags zwischen 9 und ½ 2 Uhr und nachmittags zwischen 3 und 4 Uhr zwecks Ausstellung der Einreisedokumente hier vorsprechen, wobei Sie 6 Fotografien von vorn und vier von der Seite vorlegen müssen, wie auch ein Impfzeugnis gegen Pocken, das nicht älter als 5 Jahre sein darf und einen gültigen Reisepass. Sonnabends ist die Kanzlei in den Nachmittagsstunden geschlossen.

Hochachtungsvoll:

Alfonso Guerra,
Generalkonsul.

Nach Erhalt der Mitteilung des mexikanischen Generalkonsulats wandte sich der Kommandant des Lagers Ravensbrück sofort an die Gestapo. Er fragte, ob Olgas Ausreise nach Mexiko genehmigt sei und ob sie sich die für ihre Ausreise erforderlichen Papiere im Lager daher selbst besorgen könne. In der darauffolgenden Antwort bekräftigte die Gestapo ihren Beschluss, dass die Ausreise von Olga Benario »in Anbetracht der derzeitigen gespannten Lage aus staatspolizeilichen Gründen unerwünscht« sei, und es wurde darum gebeten, »die Benario in geeigneter Weise entsprechend zu bescheiden.« Zudem sei eine Reise nach Mexiko zu diesem Zeitpunkt kaum möglich.*

Leocádia und Lygia bemühten sich währenddessen weiter um Olgas Ausreise nach Mexiko. Im Februar 1940 traf in Ravensbrück eine Nachricht der Banco Germânico da América do Sul ein. Sie war an Olga Benario adressiert und informierte diese über die Überweisung von 450 Dollar von Leocádia Prestes' Konto, um ihr eine Reise von Genua nach New York entweder an Bord der *Conte di Savoia* oder der *Rex* zu bezahlen. Es wurde um Mitteilung über ihre Abreise gebeten. Die Gestapo, die von der Lagerleitung Ravensbrück konsultiert wurde, bekräftigte jedoch ihre frühere Anordnung:

> Ich bitte jedoch, der Benario nochmals zu eröffnen, daß eine Entlassung in absehbarer Zeit nicht in Frage kommt.
>
> Der deutsch-südamerikanischen Bank A.-G bitte ich eine entsprechende Mitteilung zu machen.

* Der Zweite Weltkrieg ist am 1. September 1939 ausgebrochen.

Nachdem Olga von Leocádias Überweisung erfahren hatte, schrieb sie ihrer Schwiegermutter:

> Die Erfolglosigkeit Eurer Bemühungen ist natürlich traurig. Wenn ich Euch im Dezember um das Reisegeld bat, so war es, weil ich hier an anderen Fällen beobachtete, dass die Auswanderungen, wenn alles dazu nötige beschafft war, trotz der allgemeinen Lage, gestattet wurde. Allerdings war ich über Eure Schritte für mich nicht orientiert. Wenn ihr nun glaubt, dass vorläufig nichts möglich ist, so bitte ich Euch die Geldüberweisung wieder rückgängig zu machen. Ich kann mir gut vorstellen, was für ein Opfer die Aufbringung dieser Summe für Euch bedeutet.

Zur gleichen Zeit schickte Clotilde Prestes, eine von Olgas Schwägerinnen, ihr ein Telegramm aus Moskau:

> BITTE EILIGST ANTWORTEN OB DU ERLAUBNIS AUS DEM LANDE AUSZUREISEN HAST MEINE ADRESSE PANKRATIEWSKI PEREULOK 8 KWARTIRA 129 SLOTILDE PRESTES MOSKAU

Es zeichnete sich also ab, dass Olga auch nach Moskau auswandern könnte. Die Gestapo hielt jedoch daran fest, dass ihre Freilassung von einem umfassenden »Geständnis« ihrer kommunistischen Aktivitäten abhängig gemacht wurde.

Ein Jahr später, im April 1941, bat das Reichssicherheitshauptamt die Leitung des KZ Ravensbrück um einen ausführlichen

Bericht über *Olga Sara Benario-Prestes*. Daraufhin schrieb der Lagerkommandant:

> Die Schutzhaftgefangene Olga Sara Benario-Prestes führt sich im Lager ungenügend.
>
> Ihre Arbeitsleistung muß besser werden.
>
> Wegen Verstoß gegen die Lagerordnung mußte sie erst kürzlich mit Arrest bestraft werden.
>
> Sie ist eine intelligente Jüdin mit großem Geltungsbedürfnis. Ihre politische Einstellung ist undurchsichtig, gibt aber trotzdem zu erkennen, daß sie sich vom Kommunismus noch nicht frei gemacht hat.
>
> Über ihre Auswanderung befragt erklärt sie, daß sie die Möglichkeit hätte nach Rußland oder Mexiko auszuwandern. Schritte zu einer solchen Auswanderung wurden von ihr oder ihren Angehörigen noch nicht unternommen.
>
> Betreffs Entlassung kann ich auch heute nur die bereits ausgesprochenen Bedenken geltend machen.
>
> Eine Entlassung der Benario-Prestes lehne ich ab, auch wenn sie auswandern sollte.

Einige Tage später schickte der Lagerkommandat von Ravensbrück seinen Vorgesetzten in Berlin einen Bericht über Olga. Nachdem er die Zusammenfassung des polizeilichen Führungszeugnisses der Gefangenen vorgelegt hatte, fügte er hinzu, dass sie sehr an ihrer Tochter zu hängen scheine, zudem behauptete er, dass die Großmutter des Kindes, Leocádia Prestes, »ebenfalls fanatische Kommunistin« sei. Anschließend verfasste er folgenden Vermerk über Olga:

Die Benario ist eine intelligente und gefährliche Kommunistin. Während ihrer bisherigen Haftzeit wurde sie wiederholt, jedoch ohne Erfolg, gehört. Ihre unverändert fanatische kommunistische Einstellung ist aus ihrer Äußerung zu ersehen, als ihr die Aussage des Dünow vorgehalten wurde.* Sie antwortete: »Wenn andere zu Verrätern geworden sind, ich werde es jedenfalls nicht!« Der im August 1939 von ihr geschriebene Lebenslauf gibt keinen Aufschluß über ihre tatsächliche politische Tätigkeit.

Ein Entlassungsantrag der Leocádia Prestes vom 4.8.1939 ist abgelehnt worden.

Der Bericht des Lagers Ravensbrück vom 17.5.1941 läßt erkennen, daß die bisherige Haftdauer die Benario noch nicht einmal veranlaßt hat, sich der Lagerordnung zu fügen. Schon während ihrer Unterbringung in der Barnimstrasse ist sie durch ihr freches und anmaßendes Verhalten aufgefallen und mußte energisch zur Ordnung gerufen werden. Führung und Arbeitsleistung sind ungenügend. Erst kürzlich mußte sie wegen Verstoßes gegen die Lagerordnung mit Arrest bestraft werden. In politischer Hinsicht dürfte bei ihr als Jüdin nie eine Umstellung zu erwarten sein. Das Lager lehnt die Entlassung der Benario ab.

Im Hinblick auf die schlechte Führung der Benario im Lager wird vorgeschlagen, dem Kommandanten Anweisung zu erteilen, der B. für ein Vierteljahr alle Vergünstigungen,

* Hermann Dünow, ehemaliger kommunistischer Aktivist, der über seine Aktivitäten im Nachrichtendienst der Kommunistischen Partei Deutschlands berichtet haben soll; siehe Kapitel »Olga im Frauengefängnis Barnimstraße«.

auch die Schreiberlaubnis zu entziehen, sowie ihr vermehrte und schwere Arbeit zuzuweisen.

Als Reaktion auf den Bericht übermittelte das Reichssicherheitshauptamt dem Direktor des Lagers Ravensbrück folgende Aufforderung:

> In Anbetracht der völlig unzureichenden Führung der Benario im Lager bitte ich, im Auftrage des Amtschefs IV – SS-Brigadeführer Müller – der Benario zunächst für die Dauer eines Vierteljahres alle Vergünstigungen, auch die Schreiberlaubnis, zu entziehen. Ferner bitte ich, ihr zusätzliche und nur schwere Arbeit zuzuweisen.
>
> Bis zum 15.9.41 bitte ich, mir einen neuen Führungsbericht zu übersenden und gleichzeitig zu der Frage stellen zu nehmen, ob eine Verlängerung der angeordneten Maßnahmen erforderlich erscheint.

Wie aus den Dokumenten des Gestapo-Archivs hervorgeht, hat sich Olga nie darauf eingelassen, jemanden zu denunzieren oder ihre Aktivitäten in der Kommunistischen Jugendinternationale oder in der Komintern zu »gestehen«. Wegen ihres widerständigen Verhaltens und ihres Einsatzes für schwächere Genossinnen wurde sie mehrfach schwer bestraft, so etwa in der absoluten Finsternis eines Kerkers im Lager Ravensbrück festgehalten, ihr wurde die ohnehin karge Nahrung für weibliche Häftlinge verwehrt und sie war Schlägen und körperlichen Misshandlungen ausgesetzt. Während dieser Zeit der Isolation war die Kommunikation mit ihrer Familie mehrere Monate lang unterbrochen.

Nach den vorliegenden Zeugenaussagen blieb Olga standhaft und mutig und ihren Genossinnen gegenüber solidarisch. Bis zum Ausbruch des Zweiten Weltkriegs im September 1939 hatten Leocádia und Lygia gehofft, ihre Freilassung erreichen zu können, da dies bei einigen anderen Gefangenen gelungen war. Dank ihrer Anstrengungen gewährte die Regierung von Mexiko, wo die beiden seit Oktober 1938 im Exil lebten, Olga politisches Asyl, was eine Bedingung der Gestapo für eine mögliche Freilassung darstellte. Durch den Ausbruch des Konflikts wurde jedoch der Postverkehr mit Europa unterbrochen, und die nach Deutschland gesandten Dokumente wurden nach Mexiko zurückgeschickt. Von da an war Leocádia und Lygia klar, dass es keine Aussicht auf Befreiung mehr gab. Heute wissen wir, dass die Gestapo ohnehin jede Ausreisemöglichkeit für Olga unterbunden hätte, da diese in den Verhören standhaft blieb.

Der Mord an Olga

Für Olga brachen in Ravensbrück noch dunklere Zeiten an. Wie auch die anderen Häftlinge war sie verschiedenster Formen von Misshandlung ausgesetzt, unter anderem körperlicher Schwerstarbeit unter härtesten Bedingungen. Als »gefährliche Kommunistin« und Jüdin war sie von den Plänen der Nazis für eine »Endlösung« betroffen. Sie zählte daher zu einer Gruppe von Häftlingen, die im April 1942 für die Ermordung in der Gaskammer des KZ Bernburg ausgewählt wurden. Olgas letzter Brief war auf November 1941 datiert, aber die Familie erhielt die Bestätigung ihres Todes erst nach Kriegsende, im Juli 1945.

Nach Sarah Helms Nachforschungen wurden mehr als 8.000 Menschen in der Gaskammer in einem Krankenhaus in Bernburg, einem 14 Quadratmeter großen Raum, ermordet. Neben dieser Kammer befand sich ein Krematorium mit zwei Öfen, ein Sezierraum und eine Leichenhalle. Die Nazis waren sehr darauf bedacht, dass die breitere Öffentlichkeit nichts von der Massenvernichtung erfuhr. Im Sekreteriat des Konzentrationslagers Ravensbrück wurde eine erfundene Krankheit als Todesursache all der tausenden Frauen, die in Bernburg ermordet wurden, in die Akten eingetragen. Sarah Helm schreibt dazu:

> Der Ort des Todes war immer Ravensbrück. Das Datum variierte, aber es lag immer in der Zukunft, also einige Wochen nach der Entführung der Frauen [...]. Es waren die im Sekretariat arbeitenden weiblichen Häftlinge selbst, die das Feld

> für die Todesursache ausfüllten [...]. Das Personal war wochenlang damit beschäftigt, die Totenscheine auszustellen. Es gab vier verschiedene Gründe für den Tod: Herzprobleme, eine entzündete Lunge, Kreislaufprobleme oder man könnte auch schreiben: »Alle medizinischen Bemühungen, die Person zu retten, waren vergeblich«. Die Häftlinge, die die Bescheinigungen auszufüllen hatten, konnten nach eigenem Ermessen die Krankheit auswählen, die als Todesursache der betreffenden Frau angegeben wurde.

Im Anschluss an ihre eindrucksvolle Recherche führt Sarah Helm aus:

> Die weiblichen Häftlinge, die als Sekretärinnen arbeiteten, entwarfen auch Briefe, die an die Angehörigen geschickt wurden, um sie über den Tod zu informieren und ihnen falsche Gründe, ein falsches Datum und einen falschen Todesort zu nennen. Den Angehörigen wurde auch mitgeteilt, dass sie die Asche ihres Angehörigen gegen eine geringe Gebühr in einer Urne erhalten könnten; aus Angst vor einer Infektion sei es nicht möglich, den Leichnam zu sehen.

Maria Widmaier, eine Kommunistin, die Ravensbrück überlebte, berichtete, dass Olga – so wie es immer der Fall war – an einem Montagmorgen um zwei Uhr in den Tod ging.

Ihre Gefährtin versprach: »Wenn es so weit kommt, dass sie uns töten wollen, werde ich mich wehren«. Außerdem versprach sie, eine Botschaft in ihrer Kleidung zu verstecken. Einige Tage später kehrte der Lastwagen zurück, der die Gefangenen transportierte, und brachte Olgas letzte Nachricht mit sich, die lautete: »Die letzte Stadt war Dessau. Wir wurden aufgefordert, uns auszuziehen. Nicht misshandelt. Auf Wiedersehen«. Dessau war die letzte Station vor Bernburg, was darauf hindeutet, dass die Gaskammer des dortigen Krankenhauses die Endstation für diese Opfer war. Einer der Bernburger Ärzte gestand in einem Prozess in der Nachkriegszeit, dass »die Häftlinge bei ihrer Ankunft bereits entkleidet waren« und »wir sie von unserem Zimmer aus direkt zu den so genannten Duschen brachten, wo wir sie mit Kohlenmonoxid in Schlaf versetzten«.

Nach der Ermordung Olgas wurde die Gestapo vom Leiter des Konzentrationslagers Ravensbrück hinsichtlich der Frage konsultiert, ob es ratsam sei, die Mutter über den Tod ihrer Tochter zu informieren, wie es üblich geworden war. In einem Vermerk heißt es: »Ich glaube den Eindruck zu haben, daß sich die Mutter der B. stets anständig verhalten hat. Ich habe daher keine Bedenken, ihr den Tod ihrer Tochter mitzuteilen.« Wenig später heißt es in einer Mitteilung aus Ravensbrück zu »Olga Sara Benario-Prestes«: »Das KL Ravensbrück berichtet, dass die Obengenannte am 30.4.42 im Konzentrationslager verstorben ist. Das KL bittet gleichzeitig, die Mutter, Eugene Benario, München, vom Ableben der B. zu verständigen.«

Eine weitere Mitteilung, die am 30. Mai 1942 von der Reichssicherheitszentrale in Berlin herausgegeben wurde und an die Staatspolizeistelle in München gerichtet war, lautete wie folgt:

»Bei der B. handelt es sich um eine internationale Kommunistin, die für das Reichssicherheitshauptamt im Konzentrationslager Ravensbrück einsass.«

Am Ende dieses Dokuments heißt es, dass gemäß der Entscheidung der Leitung »die Mutter der B. vom Tode ihrer Tochter unterrichtet« wurde. Zudem wird darauf hingewiesen, dass Elise Saborovsky Ewert »bereits vor längerer Zeit verstorben ist.«*

In einem wenige Tage später ausgestellten Dokument ist der 30. April 1942 als Todesdatum von Olga im Konzentrationslager Ravensbrück angegeben. Ein erfundenes Datum und eine erfundene Todesursache. Zudem hieß es, dass Olga einige Gegenstände hinterlassen hat, die im Anhang aufgeführt seien, der Kommentar lautete:

> Es ist zu entscheiden, ob diese Gegenstände den Erben auszuhändigen oder auf Grund ihres volks- u. staatsfeindlichen Verhaltens einzuziehen bezw. kurzerhand der NSV** zur Verfügung zu stellen sind.

Es wurde sich für Letzteres entschlossen, wie aus einem Dokument der Gestapo vom 22. Juni 1942 hervorgeht, das an die Reichsleitung des Hauptamtes für Volkswohlfahrt der NSDAP adressiert war. Es bezog sich auf die »Hinterlassenschaft eines verstorbenen weiblichen jüdischen Schutzhäftlings«, der dieser Organisation zur »Verteilung an bedürftige Volksgenossen« zur Verfügung gestellt wurde. Die Verteilung des Besitzes wurde bei der Gestapo in Berlin beantragt. Mehrere der erst seit wenigen

* Elise ist im europäischen Winter 1939/1940 gestorben; sie war der Zwangsarbeit und den Auswirkungen des Klimas zum Opfer gefallen und hat die Tuberkulose nicht überstanden. Siehe: Morais, Fernando, *Olga. Das Leben einer mutigen Frau*, Köln 1989, S. 268.

** Eine mit der Nationalsozialistischen Deutschen Arbeiterpartei verbundene Organisation, die sich der »Volkswohlfahrt« verschrieben hat.

Jahren zugänglichen Dokumente bestätigen den Erhalt dieser Gegenstände durch die NSDAP und listen die Bekleidungsstücke und Schuhe auf, die die in der Haft Ermordete hinterlassen hat.

Das tragische Ende von Olga erschütterte die gesamte Familie Prestes zutiefst. Für ihren Lebensgefährten war es ein unwiederbringlicher Verlust, der sein ganzes Leben prägte. Wenn Prestes viele Jahre später von Olga sprach, brach er stets in große Emotionen aus. Anlässlich meiner Geburtstage – von denen wir viele weit voneinander entfernt verbrachten – schrieb mir Prestes immer auch, um an Olgas Leidensgeschichte zu erinnern und forderte mich auf, der Pflicht nachzukommen, ihrem Andenken würdig zu sein. Mein Vater und ich wussten immer, dass Olga eines der Millionen Opfer des Faschismus war und dass ihre Geschichte als Beispiel dafür dienen sollte, dass sich solches Grauen niemals wiederholt.

Ausgewählte Briefe von Olga Benario und Luís Carlos Prestes

Die folgenden Briefe von sind dem sehr empfehlenswerten Band »Olga Benario, Luís Carlos Prestes: Die Unbeugsamen. Briefwechsel aus Gefängnis und KZ« entnommen, der von Robert Cohen herausgegeben wurde und 2013 im Wallstein Verlag, Göttingen, erschienen ist. Wir danken Herausgeber und Verlag sehr für die freundliche Abdruckgenehmigung.

Olga Benario an Luís Carlos Prestes, 15. Mai 1937

Carlos, mein Lieber!

Es fehlen mir die Worte um Dir zu sagen, welche Freude mir Deine Zeilen vom 16. III. bereitet haben. Es ist dadurch irgendwie heller um mich geworden und drücke ich mit noch grösserer Liebe die kleine Anita Leocádia an mein Herz. Trotz der langen Monate des gänzlichen Nichtwissens von einander gab es wohl keinen Tag, an dem ich nicht in Gedanken bei Dir war. All das, was uns – beide verbindet, gibt mir auch Kraft, die augenblickliche Lage zu ertragen. –

Lieber, ich will Dir von der Kleinen sprechen. Sie wiegt jetzt 7.200 Kg u. ist im letzten Moment um 4 cm, also auf 68 cm gewachsen. Jetzt muss sie »bloss« noch einen Meter dazu wachsen u. dann wird das ein erwachsener Mensch sein. –

Meistens liegt sie in ihrem Bettchen, die Beine in der Luft u. dann nimmt sie in jede Hand ein Füsschen. Wenn man zu ihr kommt, so müsstest Du sehen, wie ihr Gesichtchen strahlt. Am lustigsten sind ihre blauen Augen, die sind so blau u. klar u. wirklich »picara«, wie Du immer die meinen nanntest. Es ist erstaunlich, was so ein kleines Wesen schon für eine Mimik hat. Freude, Langeweile, Hunger, Müdigkeit, alles das kann man in diesem Gesichtchen lesen. Sie selbst versteht auch sehr genau, was man von ihr will, ob man scherzt oder ernst ist oder gar schimpft. Wenn ich ihr zu trinken gebe u. sie bloss auf den Schoss nehme, dann reisst sie schon ihr Mündchen wie ein hungriges Vögelchen auf. Oft, wenn sie beinahe satt ist, lässt sie die Brust los, lacht mich an u. dann dreht sie wieder schnell das Köpfchen, um sich noch den Rest der Milch zu holen. Wenn es dabei nicht rasch genug geht, wird sie ungeduldig u. klopft mit ihren kleinen Händen auf mir herum. – Wenn wir zusammen Gespräche führen, so packt sie mich an der Nase, an den Haaren u. ich würde Dir gerne wünschen, dass sie Dir auch einmal ein Büschel Haare ausreisst, [s]o wie sie es bei mir immer macht. Du müsstest mal beim morgendlichen Bad dabei sein können! Es gefällt ihr ausserordentlich im warmen Wasser zu plantschen, wenn dann alles abgeseift ist, kommt sie in eine[m] grosse[n] Tuch zum Abtrocknen. Da liegt dann so ein weisses Paket, das zappelt u. ab u. zu schaut ein Ärmchen oder Beinchen heraus. Trockne ich ihr Gesicht u. Kopf, so heult sie, reibe ich ihr den Rücken, so quietscht sie vor Vergnügen u. wenn das Bäuchlein drankommt, so lacht sie aus vollem Halse. Das ist jeden Tag das gleiche u. immer wieder habe ich meine Freude daran. Wenn sich Anita beruhigen will, so saugt sie an ihren Fingern u. zwar steckt sie Mittel- u. Ringfinger in den Mund u. den Zeigefinger legt sie an die Nasenspitze. Als Zeichen ihrer besonderen Gunst bekomme ich auch manchmal so ein kleines Fingerchen in den Mund gesteckt u. denke, dass auch der Papa Carlos das mal dürfte. Nun gibt es noch viel anderes zu erzählen, z. B. wie wir zusammen Lieder singen usw., aber das will ich für einen nächsten Brief aufheben. Ich schicke Dir heute ein paar Härchen von Anita. Sie hingen ihr so unordentlich hinten am Hals u. da habe ich sie für Dich abgeschnitten. Es sind noch die ersten Haare, was jetzt nachwächst ist richtig blond u. ich bin traurig, dass sie in ihrem Äusseren so wenig von Dir hat. –

Was mich selbst anbetrifft, so mache Dir nur nicht so viel Sorgen. Mit Mama's Hilfe kaufe ich mir nun zusätzliche Nahrung u. neulich bekam ich sogar ein grosses Lebensmittelpaket von ihr.

Mit welchem Vergnügen ich Orangen- u. Quittenmarmelade gegessen habe, kannst Du Dir wohl denken. –

Gesundheitlich geht es mir jetzt auch einigermassen. Das Fieber nach der Entbindung habe ich überwunden – Du weisst es ja selbst, der Mensch ist zäh. –

Lieber, jetzt hier in Berlin ist Frühling. Der erste nach so langer Zeit! Nur merke ich recht wenig davon. Wir gehen täglich ½ Stunde im Gefängnishof spazieren u. da läuft man, 3 Meter Abstand von der nächsten Gefangenen u. immer im Kreis herum. – Im Hof steht ein Baum u. darauf nistet eine Vogel-Familie, es sind wohl Staren. Zuerst haben sie gebrütet u. jetzt sind die Jungen da. Man sieht, wie sie immer wieder mit Würmchen u. ähnlichem kommen, um ihre Kleinen zu nähren. Ich schaue ihnen zu u. muss dabei immer an uns denken. Nur die ach so klugen Menschen bringen es wohl fertig, eine Familie so auseinanderzureissen, wie man es mit uns gemacht hat. Ein ganzes Meer liegt zwischen uns – und doch sind wir einander zu nahe!

Nun, ich könnte noch lange so sitzen u. Dir schreiben, muss aber wohl aufhören.

Carlos, Du ich küsse Deine lieben schwarzen Augen u. möchte, dass sie vor Freude glänzen.

Deine

Kleine

Luís Carlos Prestes an Olga Benario, 22. Juni 1937

Meine geliebte Kleine,

nur einige Zeilen, in der Hoffnung, Dir damit ein bisschen Freude zu bereiten. Ich habe Deine Briefe vom 11. April und 15. Mai erhalten, das heißt, die französischen Übersetzungen Deiner Briefe, sehr schöne Übersetzungen, die sicher von jemandem angefertigt wurden, der uns sehr mag.

Deine Briefe zu lesen, hat mich glücklich gemacht. Trotz allem Traurigen an unserer Lage kann ich sagen, dass ich durchaus glücklich bin; sehr sehr glücklich ... Und Du weißt warum, nicht wahr? ich kann Dein schönes Püppchen nicht wie Du an mein Herz drücken, also muss ich mich zufrieden geben mit ihrer kleinen Haarlocke, die den Ozean überquert hat und jetzt hier in meiner Hand liegt. Alle Deine Nachrichten sind sehr erfreulich. Es ist wunderbar, dass es unserer Tochter so gut geht – Du gibst ihr ja auch alles, was Du hast. Deshalb wird es immer wichtiger, dass du sehr auf Deine Gesundheit achtest. Ich weiß, dass Mama Dich so gut es geht unterstützt, doch diese Situation verlangt über die Maßen viel von Dir. Du sprichst nur von den glücklichen Augenblicken, aber ich weiß, dass unsere Kleine Dir auch viel Arbeit macht. Ihr morgendliches Bad macht Dir Freude, aber Du musst es vorbereiten und danach alles sauber machen, nicht wahr? Die Wäsche – sie muss gewaschen werden ... Und auch Dein Schlaf wird nicht ganz ruhig sein. Überall in der Natur wird der Nachwuchs zu zweit großgezogen ... und in all der Zeit mache ich hier nichts ... Doch Du weißt, dass es für mich das größte Unglück ist, Dir nicht helfen zu können. Das Schicksal hat mich dieses großen Vergnügens beraubt.

Ich danke Dir sehr für deine schönen Beschreibungen vom Leben unserer Kleinen. Jeder Deiner Sätze ist ein kleines schönes Bild. Wenn ich Deine Briefe lese, ist mir, als ob ich unsere Kleine hier bei mir habe, in ihrer Wiege mit Beinchen und Ärmchen wackelnd, die ganze Zeit brabbelnd und lachend ... Ich kann mir ihr Lachen gut vorstellen, denn auf Portugiesisch heißt es »Das Kind vom Fisch ist ein Fischlein«, und ich werde nie jene fröhliche Kleine vergessen, die lachen konnte und mich noch mehr zum Lachen brachte ... Doch in einem Brief lässt sich diese lange, bewegte und schöne Geschichte nicht erzählen; es gilt ihren Namen zu bewahren: »die Peteca«. Ich warte auf neue Beschreibungen vom Turnen und von den Liedern; Deine Stimme wird für mich noch lebendiger klingen, und ich werde schöne Erinnerungen haben.

Über meine Lage informiert Dich unsere Mutter sicher so gut wie möglich. Es ist immer dasselbe: Schlafen, essen, in meiner Zelle hin- und hergehen, fünf Schritte vorwärts, fünf Schritte zurück ... Meine große Freude sind die Briefe, die ich jede Woche von Mama, Lyginha und den anderen Schwestern erhalte. Inzwischen habe ich schon ein paar Bücher und mit einem Bleistift stelle ich stundenlang Berechnungen an, erfinde Probleme, etc. Meine Bibliothek ist noch sehr armselig, doch am schlimmsten ist es, wenn ich dann in den Büchern etwas Bemerkenswertes entdecke und Du nicht da bist, um die Freude mit mir zu teilen – und die Freude so verloren geht. Du hast mich zu sehr verwöhnt, meine Liebe. Aber das wird sich ändern. Wir können nur so tun, was in unserer Macht steht, um diese Situation zu ertragen, und auf den glücklichsten Tag warten, an dem wir wieder zusammen sind.

Archimedes hat gesagt: gibt mir einen Punkt, auf dem ich stehen kann, und ich hebe die Welt aus den Angeln. Im Bereich der Gefühle haben wir diesen Punkt, denke ich. Bist du einverstanden?

Gerne würde ich Dir über noch viel mehr schreiben. Ich weiß zum Beispiel, dass Du um Bücher über Kinderpsychologie gebeten hast und würde gerne das Wenige an Erfahrung mit dir teilen, das ich habe. Aber ich weiß, dass Du diese Bücher mit sehr kritischem Verstand lesen wirst, denn über diese Themen wird bis heute viel Blödsinn geschrieben. Doch jetzt muss ich schließen. Ich schicke Dir viele Küsse, teile sie mit unserem Liebling, während Du ihr beibringst *Papa* zu sagen. Von Herzen umarme ich Dich, Dein

Karli

Olga Benario an Luís Carlos Prestes, 12. Februar 1938

Mein lieber Karli!

Sicher bist Du durch unsere liebe Mutter längst davon informiert, dass unsere Kleine nicht mehr bei mir ist. Ich darf wohl sagen, dass neben dem 5. März 1936 der 21. Januar 1938 zu den schwärzesten Tagen meines Lebens gehört. Du wirst – soweit ein Mann überhaupt dazu im Stande ist – verstehen, was in mir vorging. Um es ganz zu begreifen, muss man wohl selbst Mutter sein. Angesichts solcher Ereignisse steht man wohl vor der Alternative: daran zu zerbrechen – oder hart zu werden. Und Du weisst, das nur das zweite für mich in Frage kommt. Dabei hilft mir glücklicherweise, dass ich noch im Stande bin, zu unterscheiden zwischen der Bedeutungslosigkeit der Fragen der eigenen kleinen Person u. de[n] allgemeinen weltgeschichtlichen Ereignissen unserer Zeit. –

Aber hast Du einmal darüber nachgedacht, wie sonderbar des Schicksals Fügungen sind. Wir beide – auf verschiedenen Erdteilen u. hinter Gefängnismauern. Aus unserem gemeinsamen Leben ist ein neues Menschlein hervorgegangen u. dieses befindet sich nun sicher und geborgen in den Armen unserer lieben Mutter. Möge Anita Leocádia dort die Vertreterin unserer Liebe u. Achtung Mama gegenüber sein! –

Du schriebst in vielen Deiner Briefe, dass Du Dir mein Bild schon nicht mehr ohne unser Kindchen im Arm vorstellen kannst. Jetzt musst Du das wieder umstellen. Aber Deine Kleine, nun wieder mit leeren Armen, ist nicht mehr dieselbe wie ehedem.

Nur im Schlafe, wenn ich träume, dass Anita bei mir ist, bin ich ein bisschen glücklich ...

Aber an all dem Schweren ist doch noch etwas Gutes – das ist, dass sich Anita nun in geordneten Verhältnissen u. der sicheren Obhut ihrer Grossmutter befindet. All meine Liebe u. Fürsorge konnten in diesem Alter der Kleinen nicht mehr ersetzen, was sie vom Leben braucht. Und wenn mir Lyginha in ihrem Brief schreibt, wie sich Anita für ihre Handtasche u. Puderdose, für Telephon u. Türklingen interessiert, in einer Wohnung hin- u. herläuft u. in einem Speisewagen frühstückt, so ist das für mich beinahe wie ein Märchen aus längst verflossenen Zeiten. Dass aber dieses Märchen für unseren Liebling zur Wirklichkeit geworden ist, das soll für uns beide die grösste Beruhigung sein.

Ich schicke Dir mit diesem Brief eine Photographie unserer Kleinen. Wie Du siehst, ist sie ganz »staunen«. Ich habe sie aus ihrem Mittagsschläfchen aufnehmen müssen u. nun wundert sie sich über die fremden Menschen u. den Photo-Apparat. Vielleicht gelingt es unserer lieben Mama, einmal ein Lächeln Anitas auf ein Bild für Dich festzuhalten. Lygia sagt davon, dass es alle entzückt. Weisst Du, ich habe schon manchmal daran gedacht, dass dieses süsse Lächeln unserer Kleinen sicher einen Hauch des Glücks ihrer Eltern trägt ...

Aber sag, wie gefällt Dir denn nun unser Kindchen?

Nun will ich Dir etwas von meinem jetzigen Leben erzählen. Fürwahr, es kostet eine gewisse Kunst, diese monotonen Tage ohne Ende mit etwas auszufüllen. Vorallem lese ich, alles was mir in die Hände kommt. Siehst Du und da war mir in den ersten Tagen, das Buch »Oh Guarany«, das ich mir aus weiser Vorsicht aufgehoben habe, eine wahre Freude! zuerst nahm ich mir vor, jedes mir unbekannte Wort im Wörterbuch nachzuschlagen. Aber dann hat mich der Stoff doch so mitgerissen, dass ich erstmal einfach beide Bücher las. Welche Schönheit u. Kraft der Sprache liegt darin! Alencar hat mit diesem Buch wirklich ein Kunstwerk geschaffen, dem schönen Brasilien u. seinen Menschen ein würdiges Monument gesetzt. Schade nur, dass solche Bücher so wenig in der europäischen Literatur bekannt sind. – Du hast mir einmal angeboten, für meine Lektüre sorgen zu wollen. Nun, mit Hilfe unserer Mutter wäre wohl jetzt dafür der Zeitpunkt. – Teile mir auch Deine Erfahrungen im Studium von Fremdsprachen mit, denn ich muss mich wohl jetzt ernsthaft an das Studium des Portugiesischen heranmachen. Ausserdem versuche ich mir durch Handarbeiten die Zeit zu vertreiben. Ich habe letzthin ein Kleidchen für Anita gemacht: zartgrüne Seide u. mit kleinen Röschen bestickt. Du siehst, ich könnte Dich wieder zum Zuschneiden gebrauchen, selbst auf die Gefahr hin, dass Du den Halsausschnitt wieder zu weit machen würdest …

Spazierengehen kann ich nun leider nur ½ Std. täglich. Die 2. Freistunde hat man mir sofort nach der Entfernung Anita's gestrichen. Um von mir aus alles mögliche zur Erhaltung meiner Gesundheit zu tun, so esse ich ausreichend u. kaufe mir sogar täglich ½ Liter Milch. Ausserdem turne ich jeden Abend vor dem Schlafengehen. Es ist dies nötig, denn durch den Mangel an Bewegung den ganzen Tag über, bin ich abends nicht müde.

Aber genug von mir. Dein letzter Brief ist vom 8. Dezember u. jetzt haben wir schon Mitte Februar. Wie geht es Dir? Bist Du gesund? Was liest Du? Leider stehen schon seit vielen Monaten keinerlei Notizen über Brasilien in der Zeitung, die zu lesen mir gestattet ist. Ich bin deshalb völlig unorientiert, was dort vorgeht.

Lieber, hast Du daran gedacht, dass ich heute 30 Jahre alt werde? Siehst Du, aus Deiner Kleinen »toute jeune«, wie Du immer sagtest, wird langsam eine alte Frau. Aber wir haben nun eine andere Kleine – Anita Leocádia. – Im Übrigen musste ich daran denken, wie wir vor ein paar Jahren diesen Tag mit einem Deiner Freunde feierten. Erinnerst Du Dich, wie vor lauter Behagen seine langen Knochen von allen Seiten des Stuhles herunterhingen? Der Gute, wie mag es ihm wohl ergehen?

Nun, lieber Carlos, meine Briefe an Dich werden wohl in nächster Zeit kürzer werden, denn ich kann Dir nicht mehr von Anita erzählen. Aber Du verlierst dabei nichts, denn Mama u. Lygia werden das auf gutem Portugiesisch häufiger u. ausgiebiger machen können als ich.

Seit Anita Leocádia von mir weg ist, halte ich täglich lange, lange Zwiegespräche mit Dir. Oh, möge doch noch der Tag kommen, an dem wir wieder vereint sein werden!

Es umarmt u. küsst Dich von ganzem Herzen

Deine

Olga

Olga Benario an Luís Carlos Prestes, 13. April 1938

Karli, mein Lieber!

Heute erhielt ich nach 5 Monaten zum ersten Mal 3 Briefe von Dir. Vom 3. u. 18. Januar, sowie vom 14. Febr. Auch von Mama war ich 2 Monate ohne Nachrichten. Ich brauche Dir nicht zu sagen was es für eine Spannung ist, nichts zu hören von den Menschen, die einem das Liebste auf der Welt sind. Natürlich macht man sich unbeschreibliche Sorgen u. ich habe in diesen 2 Jahren gelernt, immer mit dem Schwersten zu rechnen. Aber ich habe ebenso gelernt, eine äusserste Selbst-Disziplin aufzubringen u. alles zu tun, um mir meine Gesundheit u. Nerven zu bewahren. Was mir am meisten dazu hilft, ist das, was uns keiner nehmen kann, das Wissen von einander. Als ich heute Deine Zeilen las, da war mir dieses Gefühl besonders stark zum Bewusstsein gekommen. Wie finster u. traurig wäre diese Haft, wenn ich Dich nicht hätte u. entschuldige, auch Anita-Leocádia! Denk daran, wie reich wir im Grunde sind u. dass wir besitzen, was vielen Menschen, selbst denen, die die Freiheit haben, fehlt. – Auf Einzelheiten Deiner Briefe will ich an meinem nächsten Schreibtag eingehen. Für Deine Deutsch-Studien will ich Dir heute ein Zitat des Dichters Hebbel anführen: »Fordert das Leben von mir das Unmögliche, so erdrückt es mich entweder – oder es ist nicht das Unmögliche gewesen. In jedem Fall soll ich alles aufbieten, was an Kraft in mich gelegt ist.« Mir fiel dabei ein, was Du zu mir bei unserer Verhaftung sagtest [..., von der Zensur geschwärzt, Anmerkung Cohen]

Auch von mir kann ich Dir wenig sagen. Gesundheitlich ist alles wieder in Ordnung. Ich stricke augenblicklich einen Pullover, zu lesen habe ich leider nur die Zeitung.

Von Dir will ich wissen, wieviel Du wiegst, denn ich fürchte, dass Du sehr mager bist. Kannst Du schlafen? Hoffentlich wird jetzt unsere Korrespondenz etwas regelmässiger. Wievel ich an Dich denke u. mit Dir fühle mit jeder Faser meines Herzens u. auch meines Verstandes, brauch ich Dir nicht zu sagen. Nicht wahr?

Sei vielmals geküsst
von Deiner
Olga

Olga Benario an Leocádia und Lygia Prestes, 29. August 1939

Meine Lieben! Vor einigen Tagen wurde mir ein Scheck auf 30,– Mk von Euch vorgelegt. Er scheint von Ravensbrück mir nachgesandt zu sein, leider fehlt der Begleitbrief, der sicher bis zu meiner Rückkehrt dort aufbewahrt wurde. Auf alle Fälle habe ich so wenigstens ein Lebenszeichen von Euch. Ich danke [e]uch vielmals für das Geld, das ich gut gebrauchen kann u. mit dem ich mich bemühe, so sparsam als möglich umzugehen.

Mir selbst geht es den Verhältnissen entsprechend. Ich sitze den ganzen Tag in meiner Zelle u. halte stille Zwiegespräche abwechselnd mit Carlos u. Euch. Ihr könnt Euch vorstellen, mit welcher Unruhe u. Sorge ich die tägliche Zeitung erwarte. Der einzige beruhigende Gedanke für mich ist, Euch Ihr Lieben, so weit weg von Europa zu wissen. Für mich selbst wird es wohl schwerer denn je. Oft denke ich, dass es zum Teil doch ganz gut war, dass ich damals vor 3 ½ Jahren nicht wusste, was mir noch alles bevorstand. Ich weiss nicht, ob der Mut ausgereicht hätte, dies alles auf die Schultern zu nehmen. Aber denkt nur nicht, dass ich den Kopf hängen lasse. Ich bemühe mich steht so zu verhalten, dass einstmals mein Anita-Kind sich nicht ihrer Mutter zu schämen braucht. – Aber in mir selbst wächst von Tag zu Tag mehr die Vorstellung, dass es sein könnte, dass ich mein Kind niemals wiedersehen werde. Nun, jeder muss eben sein Schicksal tragen u. ich verstehe es geht um andere Dinge, als um ein Mutterherz voll Sehnsucht.

Alle Fragen, die Euch u. Carlos betreffen, habe ich in meinen vergangenen Briefen so ausführlich gestellt, dass ich dazu nichts anderes sagen kann u. nur voll Ungeduld endlich Euere Zeilen erwarte. Bei der Berliner Adresse der Gestapo fügt am besten noch Abteilung II A 1 hinzu.

Sehr bitten wollte ich Euch, mir ein Bildchen von Anita zu schicken. Es darf ruhig auch ein altes sein, denn ich habe hier in Berlin nichts bei mir. Meine sämtlichen Sachen, leider auch die Lehrbücher, sind im Ravensbrücker Lager geblieben. – Auch heute kann ich noch nicht sagen, wie lange ich hier in Berlin bleiben muss.

Nun hoffe ich, am nächsten Schreibtag endlich einen Brief von Euch zur Beantwortung zu haben. Ich hoffe, dass Ihr auch in Zukunft alles Mögliche für mich tun werdet. Mit den innigsten Wünschen, für Euer aller Gesundheit, küsse ich vielmals meine geliebte Anita-Leocádia u. umarme Euch in aller Liebe.

Olga

Letzter erhaltener Brief von Olga Benario an Luís Carlos Prestes, 5. November 1941

Mein geliebter Carlos! Deinen Brief vom 12.9. habe ich erhalten u. bin unendlich froh, Dir wieder antworten zu können. Den Gedanken an Deine Einsamkeit, nun schon fast 6 Jahre lang, lastet ohnehin wie ein beständiger Alpdruck auf mir. Dich dann noch längere Zeit ohne Nachricht lassen zu müssen, ist unsagbar bedrückend. Ich sehe Dich dann mit langen Schritten auf- u. abwandern. Wer könnte Dir besser als ich dieses Warten, in dem man so hilflos ist, nachfühlen. – Nun, mein Lieber, hoffe ich, dass Dich inzwischen mein Brief v. September erreicht hat u. Du nun ebenso, wie durch den heutigen, die Bestätigung meines Wohlbefinden hast. – Vor allem will ich Dir danken für Deine Berichte über Anita. Sie sind mir, abgesehen davon, dass sie mich über das Ergehen unserer Kleinen beruhigen, ein Beweis dafür, wie sehr Du mit mir empfindest, was all diese Jahre des verlorenen Mutterglücks bedeuten. – Wie gerne wollte ich die Photos sehen, von der du sprichst. Und Anita's Zöpfchen, sind sie nicht schon inzwischen ein Opfer der Schere geworden? Diesen Monat hat sie nun Geburtstag. Aber angesichts des grossen Leidens unserer Zeit, wage ich kaum wieder mit dem persönlichen Schicksal zu hadern, das uns nun schon so lange von unserem Kinde trennt. Wir müssen eben weiter Geduld haben. – Weisst du, dass bei uns schon der Schnee fällt u. voll Sehnsucht denke ich an Euere brasilianische Sonne. Jetzt richtet man wieder einmal die ganze Energie darauf, nur erst 4 Monate weiter zu sein. Beim Schwimmen, wenn man eine Strecke tauchend zu durchqueren hat, holt man tief Atem u. überlegt sich, ob man die Distanz schaffen wird. Ähnlich kommt es mir auch hier vor. – Aber sprechen wir von anderem. Dieser Tage sind mir zufällig einige Goethe-Zitate in die Hand gekommen. Noch nie habe ich seine Worte so gut verstanden u. hat mich ihr schöner Klang so erfreut. Ich denke dabei an Faust, Prometheus etc. Hier eine Strophe von einem anderen Dichter, die passend für Dein Deutsch-Studium ist:

Ein Fichtenbaum steht einsam, im Norden in kahler Höh'
Ihm schläfert; mit weißer Decke, umgeben ihn Eis und Schnee.
Er träumt von einer Palme, die, fern im Morgenland,
Einsam u. schweigend trauert, auf brennender Felsenwand.

Im Übrigen, mein Kompliment für Deine Sprachfortschritte im letzten Brief. Mit der Aussprache wird es wohl weniger gut stehen? Aber dafür werden wir wohl später einmal Abhilfe finden. Nicht wahr? Nun mein lieber Carlos, muss ich, um rechtzeitig zu kommen, heute schon meine innigsten Wünsche zum 3. Januar Dir übersenden. Meine Gefühle u. Gedanken kennst Du. Die Trennung hat sie nur vertiefen können. Auch diesmal werde ich Dir heuer in Gedanken einen Strauss roter Tulpen, oder wolltest Du Rosen? – auf den Tisch stellen. –

Übermittele auch Mama meine Grüße, schon lange höre ich nicht von ihr.

In aller Liebe küsst Dich voll Zärtlichkeit Deine
Olga

Interview mit Anita Prestes

Geführt von Caroline Kim am 4. März 2022,
Jardins do Palácio do Catete, Rio de Janeiro

Anita, in Ihrem Buch erfahren wir, wie Sie als Baby aus dem Gefängnis befreit wurden. Wir lesen viel über den »Vorgang Benario«, wie es Robert Cohen nannte, weniger über die Geschichte von Olga selbst, über ihre Zeit, bevor sie inhaftiert wurde, von ihren Idealen und ihrem bewegten Leben. Was würden Sie Menschen von ihrer Mutter erzählen, die ihre Geschichte noch nicht kennen? Wer war Olga Benario?*

Die beste Biographie über Olga wurde von Fernando Morais geschrieben.** Wer das Leben von Olga kennenlernen will, dem empfehle ich dieses Buch zu lesen. Das ist ganz sicher das beste. Mein Buch ist eine Ergänzung dazu, weil ich mit Dokumenten der Gestapo arbeiten konnte, zu denen Fernando Morais damals keinen Zugang hatte – wir wussten nicht mal, dass sie existieren. Sie sind erst im Jahr 2015 aufgetaucht. Also habe ich eine Art Ergänzung zu seinem Buch verfasst, ich wollte nicht alles wiederholen. Was mich interessiert hat, war eine Zusammenfassung von dem zu geben, was die neuen Dokumente der Gestapo zeigen.

* Cohen, Robert, *Der Vorgang Benario. Die Gestapo-Akte 1936–1942*, Berlin 2016.
** Fernando Morais, *Olga. Das Leben einer mutigen Frau,* Köln 1989

Vielleicht kennen nicht alle das Buch von Fernando Morais, erzählen Sie doch nochmal die Geschichte von Olga in Ihren Worten …

Also, Olga Benario war Kind einer revolutionären Zeit in Deutschland. Sie lebte seit ihrer Geburt, seit 1908 bis 1925 in München, wo es sehr viele politisch engagierte junge Menschen und insbesondere viele Kommunisten gab. Ihr Vater war Anwalt, ein Sozialdemokrat. Er wollte, dass seine Tochter zu den jungen Sozialdemokraten ging. Ihre Mutter war total gegen alles, sie war eine reaktionäre bürgerliche Frau. Olga hat sich sehr für das Leben der Arbeiter in dieser Krisenzeit interessiert. Zeitzeugen haben mir erzählt, dass mein Großvater ein sehr solidarischer Mensch war, Anwalt der Arbeiterschaft. Er hat Angehörige der Arbeiterklasse verteidigt und ihnen wohl auch Geld gegeben, wenn sie keins hatten, erzählte man sich. Und so war Olga – sie war oft in seiner Kanzlei – in Kontakt mit den Arbeitern und ihren Problemen. Außerdem hatte ihr Vater eine sehr große Bibliothek. Olga las viel – Goethe, Schiller – sie kannte all diese großen deutschen Literaten. Und sie diskutierte viel mit ihrem Vater.

Sie war also ein ziemlich gebildetes Mädchen, das sich für das Leben der Arbeiter interessierte und so mit den kommunistischen Ideen in Berührung kam. Viel hat dazu auch ihre Liebe zu Otto Braun beigetragen. Er war ein paar Jahre älter als sie und hatte schon einen Posten bei der kommunistischen Jugend. Sie trat der kommunistischen Jugend bei und verliebte sich in Otto. Gleichzeitig schlug ihr Herz aber für die revolutionäre Arbeit – viele Demonstrationen, Flugblätter – das war sehr verbreitet in jenen Jahren, zu Beginn der 20er. Zuhause hatte sie deswegen viel Streit mit der Mutter, mit dem Vater, der sie zur Sozialdemokratin machen wollte. Es scheint also, dass sie eine sehr bestimmte junge Frau mit starkem Willen war. Bereits mit 16 Jahren geht sie zusammen mit Otto nach Berlin. Sie leben zusammen in Neukölln, dem Viertel der Arbeiterbewegung. Dort gab es eine große Brauerei – ich war da sogar einmal, um das ein bisschen kennenzulernen. Olga beteiligte sich sehr aktiv an politischen Aktionen und wurde irgendwann festgenommen, blieb aber nur kurze Zeit in Haft, Otto länger. Er wurde verurteilt wegen Hochverrats, als Bolschewist. Sie arbeitete in der Handelsmission der Sowjetunion und wirkte gleichzeitig viel an den Medien der Kommunistischen Jugend mit. Binnen kurzer Zeit wurde sie Mitglied der Kommunistischen Partei in Deutschland. Sie hob sich durch ihre aktive Führungskompetenz hervor und leitete schließlich die Gruppe der jungen Kommunisten an, die das Kammergericht in Moabit überfielen, um Otto Braun zu befreien. Das war ein enormer Skandal! Auf beide, Olga und Otto, wurde ein Kopfgeld ausgesetzt.

Sie mussten Deutschland verlassen und gingen in die Sowjetunion. Dort wurde Olga zu einer Heldin des Komsomol, der kommunistischen Jugendorganisation. Für diesen reiste sie nach Frankreich und England, wo sie auch für kurze Zeit inhaftiert wurde, und danach trat sie in die Militärfliegerschule ein. Das war eine Zeit, in der die Kommunisten dachten, die Revolution stünde unmittelbar vor der Tür. Also mussten sie darauf vorbereitet sein, sie mussten bewaffnet sein. Olga lernte dementsprechend zu reiten, zu schießen und machte in der Schukow-Akademie einen Kurs als Fliegerin und Fallschirmspringerin. Im Jahr 1931 trennte sie sich von Otto. Anscheinend war er ein Aufreißer gewesen, ich weiß es nicht genau, sie trennte sich jedenfalls. Und sie studierte weiter.

Als ich selbst in Moskau war, habe ich eine ihrer Freundinnen aus dieser Zeit getroffen. Eine Frau aus Georgien, zu jener Zeit eine Sowjetrepublik. Diese war acht Jahre jünger als Olga. Sie hat sich dort sehr schutzlos in der Akademie in Moskau gefühlt, sie war sehr jung, das erste Mal von zuhause weg, ihre Familie weit weg in Georgien. Olga unterstützte sie dort sehr. Tamara Kozhevnikova war ihr Name, sie starb kürzlich im Alter von 100 Jahren. Ihr Mann war Flieger, sie wurde Flugzeugingenieurin, sie reparierte die Flugzeuge am Boden. Sie war im ganzen Weltkrieg an der Front dabei. Nach dem Krieg haben sie geheiratet, ich bin mit ihrer ältesten Tochter befreundet. Sie war ebenfalls sehr kämpferisch und hatte nur gute Erinnerungen an Olga.

Als ich 1961 das erste Mal nach Deutschland gereist bin, habe ich das KZ Ravensbrück besucht. Damals war es schon ein Museum. Dort wurde ich in Empfang genommen und es wurde ein Besuch von mehreren älteren Frauen organisiert, die zur gleichen Zeit dort inhaftiert waren wie meine Mutter. Sie kannten meine Mutter. Sie konnten sich an sie erinnern als eine sehr kämpferische, solidarische Frau, die die Leute dazu antrieb, jeden Tag Sport zu machen und zu lernen. Es gibt dort im Museum einen kleinen Atlas, den sie über Europa und den Zustand des Krieges erstellt hatte. Sie konnte gut zeichnen. Und sie diskutierte gern! Im KZ Ravensbrück trafen sich die Frauen heimlich. Sie haben zusammen gelesen und diskutiert, zum Beispiel über den Krieg. Sie war sehr aktiv und es war ihr wichtig, den Leuten Dinge beizubringen, zu helfen, zu geben. Alle Frauen, die ich kennengelernt habe, die sie kannten, sagen das Gleiche.

Die Erinnerung der Frauen, die mit ihr zusammen in Gefangenschaft waren, sind alle ähnlich: Olga hatte viel Courage und zeigte gleichzeitig viel Solidarität und Kampfgeist. Ich glaube, etwas, das gut beschreibt, welche Art von Mensch sie war, ist dieser Satz, den ich als Inschrift für mein Buch benutzt habe: »Wenn andere zum Verräter geworden sind, ich werde es jedenfalls nicht.« Das ist sehr charakteristisch für ihre Persönlichkeit. Sie war eine Person, die lieber gestorben wäre, als ihre Genossen zu verraten.

Mein Vater, der auch zu jener Zeit im Gefängnis war, hat später gesagt, dass das, was den Widerstand von ihm, von Olga und anderen so absolut gemacht hat, die wissenschaftliche Überzeugung war, dass die Ideale, die sie verteidigt haben, die richtigen waren.

Wie war ihr eigener Prozess mit der Geschichte ihrer Mutter? Wann und wie haben Sie davon erfahren, wer Ihre Mutter war?

Seit ich sehr klein war – ich weiß nicht mehr ganz genau, so mit drei oder vier Jahren muss das gewesen sein – haben mir meine Oma und meine Tante erklärt, wer mein Vater und meine Mutter waren. Ich wurde von meiner Tante aufgezogen. Wir waren erst in Frankreich – daran erinnere ich mich gar nicht – und noch bevor ich zwei Jahre alt war, haben wir Frankreich verlassen. Meine ersten Erinnerungen habe ich an Mexiko. Ich muss ungefähr vier Jahre alt gewesen sein, als ich angefangen habe, Dinge zu verstehen. Dort, in unserem Haus in Mexiko, hingen große Fotos, eins von meinem Vater und eins von meiner Mutter und ich wusste, wer sie waren. Ich wusste, dass sie im Gefängnis waren, mein Vater in Brasilien und meine Mutter in Deutschland. Ich wusste, dass beide Antifaschisten, Revolutionäre und Kommunisten waren. Meine Oma und Tante haben mir das natürlich auf eine kindgerechte Art und Weise erklärt: dass meine Eltern dafür gekämpft haben, dass es allen Kindern gut geht. Sowas in der Art, damit ein Kind von vier oder fünf Jahren das versteht. Aber die Geschichte war mir immer sehr präsent. Immer schon, seit ich sehr klein war.

Danach kamen die Briefe an. Meine Kindheit war ein ständiges Warten auf Briefe. Von meinem Vater kamen mehr, von Olga weniger. Nach 1941 kam kein einziger Brief mehr von ihr. Ich erinnere mich gut daran, an diese Angst, das Warten auf die Briefe. Ich bin im November '36 geboren, nach Mexiko gingen wir im Oktober '38. Ich erinnere mich, dort erlebten wir viel Solidarität, in Frankreich auch. Ich wuchs in diesem Umfeld auf, bereits seit ich sehr klein war. Also war die Geschichte meiner Eltern kein so großer Schock für mich, selbst die Ermordung meiner Mutter nicht. Wir erfuhren erst 1945 davon, 1942 wurde sie ermordet. Meine Oma starb im Jahr '43. Aber Lygia, meine Tante, hat danach mit der Kampagne in Mexiko und Lateinamerika weitergemacht und hat enorme Anstrengungen unternommen, um einen Kontakt in Deutschland zu bekommen oder irgendeine Nachricht von Olga aus Deutschland. Und mein Vater hat auch versucht, etwas über Olga herauszufinden. Er wurde 1945 freigelassen. Die Hoffnung, dass sie sich retten könnte, war immer da. Dann wurde Ravensbrück von den sowjetischen Truppen befreit und im Lager waren viele Menschen, also gab es weiter diese Hoffnung. Im Juni 1945 erreichte meinen Vater hier in Brasilien ein Telegramm, das besagte, dass sie nicht mehr lebte. Dass sie tot war. Das war ein Schock, für meinen Vater war das schrecklich. Aber für mich, ich war damals acht oder neun Jahre alt, war es ein nicht so schlimmes Ereignis. Ich war nicht daran gewöhnt, meine Mutter in meiner Nähe zu haben. Ich habe sie bewundert, ja, aber meine wahre, echte Mutter war Lygia. Ich war Lygia sehr nah. Nachdem meine Oma gestorben war, war sie praktisch die einzige Familie, die ich hatte. Es gab viele Freunde und Genossen, doch meine eigentliche Familie in Mexiko war sie. Sie war praktisch meine Mutter. Auch wenn sie mir immer erklärt hatte, dass ich nicht ihre Tochter war, dass ich sie nicht Mutter nennen sollte, denn wenn Olga zurückkehren würde, würde ich mit Olga zusammenleben. Also habe ich sie Tante genannt, auch wenn andere mir sagten, ich sollte sie Mutter nennen. Lygia wollte das unter keinen Umständen, sie sagte immer, Olga würde zurückkommen und ich würde Olga treffen. Doch Olga kam nie zurück, also blieb sie für mich meine Mutter in der Praxis.

Es heißt, dass ihre Großmutter Leocádia einen ähnlichen Charakter wie Olga hatte. Haben Sie und Ihre Großmutter viel über das Leben von Olga gesprochen? Hatten Sie das Gefühl, Ihre Mutter auch über Ihre Großmutter zu kennen?

Meine Oma und meine Tante haben mir von ihr erzählt. Und mein Vater schrieb mir. Aber die Briefe kamen nicht immer an und waren auch zensiert. Ich habe meinen Vater erst im Oktober '45 kennengelernt, nachdem er freigelassen wurde. Da bin ich mit Lygia von Mexiko nach Brasilien gekommen. Da war ich fast neun Jahre alt. Aber auch als ich sehr klein war, wusste ich immer Bescheid. Meine Oma und Tante bekamen die Briefe und haben sie laut vorgelesen. Und ich war auch Teil davon: Oft kamen in den Briefen Dinge vor, die mit mir zu tun hatten. Mein Vater hat mir Zeichnungen oder Gedichte geschickt. Für mich war also die ganze Zeit klar, dass ich meine Eltern irgendwann treffen und mit ihnen leben würde.

Welche Rolle hat Ihr Vater in dem Prozess der Annäherung an die Geschichte Ihrer Mutter gespielt?

Mein Vater sprach viel von Olga. Immer. Jahre später hat er wieder geheiratet, aber bis zu seinem Tod hatte er immer ein Foto von Olga auf seinem Tisch. Und mit mir hat er immer über sie geredet, sich an verschiedene Geschichten erinnert. Sie haben nur ein Jahr zusammengelebt, ein sehr intensives Jahr. Er hat viel darüber erzählt, wie sie sich von der brasilianischen Natur begeistern lassen hat: »wunderschön«, »so grün«, »die Strände!«. Sie hat die Strände und das Schwimmen geliebt. Sie war eine sehr menschliche Person und sehr interessiert an Kunst und Kultur. Er hat erzählt, dass sie, als sie aus Moskau nach Brasilien fuhren, einige Tage in Amsterdam verbrachten. Und als sie dort auf ihre Weiterreise gewartet haben, haben sie das Museum im Rembrandthaus besucht. Ich kenne das nicht, ich war dort noch nie. Aber er hat erzählt, dass sie begeistert war. Sie war eine Person, die sich von allem berühren ließ, was schön war. Sie war dann immer sehr beeindruckt. Von Brasilien auch. Sie mochte die Leute in Brasilien gern, die vielen Schwarzen Menschen und Schwarzen Kinder, die sie vorher nicht gesehen hatte. Und sie hat es in diesem einen Jahr dort geschafft, etwas Portugiesisch zu lernen.

Olgas Eltern, ihre Großeltern mütterlicherseits haben Sie nie kennengelernt?

Der Opa war schon tot. Die Oma, das erzähle ich im Buch, hat sich geweigert, mich aufzunehmen. Zu meinem Glück, würde ich sagen. Und Olga hat meiner Oma und Tante in den Briefen geschrieben, dass sie auf keinen Fall wollte, dass ich zu der Familie ihrer Mutter gebracht werden sollte, um dort zu leben. Auf keinen Fall. Es gab ein paar Cousins in England, es gibt viele Benarios … Lygia hat das erzählt. Die hatten Interesse, damals, als es die Kampagne Prestes gab, aber Olga wollte auf keinen Fall, dass ich zu ihrer Familie käme. Sie war sehr dagegen. Die einzige Person aus ihrer Familie, mit der sie eine Beziehung hatte, war ihr Vater. Als sie noch in Moskau war, hat sie begonnen, ihm zu schreiben. Anscheinend ist ihr Vater an einem Schock über Hitlers Aufstieg gestorben. Hitler kam im Januar '33 an die Macht und er starb im Februar.

Sie sind selbst Historikerin und haben Bücher zum Leben Ihrer Mutter und Ihres Vaters veröffentlicht. Wie war das, die Geschichte Ihrer eigenen Mutter auch aus der Perspektive einer Historikerin zu bearbeiten?

Ich habe mich immer dafür interessiert. Als ich das erste Mal in Deutschland war, habe ich eine Frau getroffen, Maria Widmaier, die Kommunistin war und die mit meiner Mutter im KZ inhaftiert war. Aber sie war keine Jüdin, vielleicht hat sie das gerettet. Sie wurde von der Sowjetarmee befreit. Sie hatte Olga im KZ gut kennengelernt. Und als ich 1961 nach Deutschland kam, war sie noch am Leben, es ging ihr gut. In meinen Memoiren habe ich Fotos veröffentlicht, auf denen sie auch zu sehen ist. Ich habe mich mit ihr getroffen und sie hat mir viel erzählt, das war interessant. Beim zweiten Mal, als ich in Deutschland war, '93, habe ich mich mit der Schriftstellerin Ruth Werner getroffen, die auch Kommunistin war und die Olgas Leben in Neukölln sehr gut kannte. Sie war auch damals dort aktiv gewesen. Sie hatte ein Buch über Olga geschrieben. Es ist eine romantische Biografie, das sagte sie auch selbst. Sie kannte die Anfangszeit Olgas in Neukölln, den Teil in Brasilien kannte sie kaum. Also hat sie eine sehr romantische Geschichte daraus gemacht. Aber das Buch, das sie in den 60er Jahren geschrieben hat, hat damals seinen Zweck erfüllt. Danach habe ich sie noch einmal 1993 getroffen, da war sie schon sehr alt, aber sie hatte noch einen klaren Kopf. Heute ist sie schon tot.

Danach gab es das Buch von Fernando Morais, er hat sehr intensiv über Olgas Leben geforscht. Er war in allen Archiven, zu denen er Zugang hatte. Er war der Erste, der hier in Brasilien Zugang zu den Archiven der Gerichtsprozesse all jener hatte, die in den Jahren '35 und '36 verhaftet wurden. Die Archive waren ja eigentlich verschlossen. Er hat es Anfang der 80er Jahre geschafft, Zugang dazu zu bekommen und hat das Material in seinem Buch verwendet. Danach hat er auch Archive in England, den USA und sogar in Deutschland und Israel aufgesucht. Das war Anfang der 80er Jahre, da hat er noch viele Leute getroffen, die Olga gekannt hatten und die er interviewen konnte. Er hat eine gute Arbeit gemacht. Natürlich hat er ein paar Sachen hinzuerfunden. Aber im Großen und Ganzen stimmt es. Mein Vater hat das Buch gelesen und es für gut befunden. Auch er hat Morais ein Interview gegeben. Das Buch ist in Brasilien zum ersten Mal 1985 erschienen. Danach wurde es viele Male neu aufgelegt.

Ist die Suche als Tochter eine andere als die als Historikerin?

Naja, ich war nicht von Anfang an Historikerin. Mich hat Olga interessiert als Tochter, als Kommunistin. Ich wollte ihre Geschichte kennenlernen. Und nicht nur ihre Geschichte, auch die meines Vaters und die anderer Persönlichkeiten. Danach wurde ich zu einer Historikerin, etwa ab den 80er Jahren habe ich mich der Geschichte gewidmet. Ich habe eigentlich nie daran gedacht, ein Buch über Olga zu schreiben. Ich habe eine große Biographie über meinen Vater geschrieben, die bei Boitempo veröffentlicht worden ist, wo auch mein Buch über meine Mutter erschienen ist. Da haben mich viele Leute gefragt: »Du schreibst nur über deinen Vater, nicht über deine Mutter?« Ich habe gesagt: »Es gibt nichts mehr dazu zu sagen.« Weil Fernando Morais schon die ganze Arbeit gemacht hatte. Sie ist sehr jung gestorben, mit 34 Jahren. Und das, was zu ihr existiert hat, ist schon in seinem Buch veröffentlicht gewesen. Daher habe ich ein paar Artikel geschrieben und Interviews gemacht, aber ein großes Buch zu schreiben hätte nicht viel Sinn ergeben. Und dann ist dieses Gestapo-Archiv durch Russland im Internet zugänglich gemacht worden. Und da, als ich die Dokumente gesehen habe … Ich hatte einen Kollegen an der Universität, der Deutsch kann. Wir haben dann geguckt, was neu war und ich für meine Arbeit nutzen konnte. Und danach habe ich ein ganzes Team von Übersetzern engagiert, um das ganze Material schnell zu übersetzen.

Haben Sie in den Dokumenten der Archive viel Neues erfahren, einige Puzzleteile entdeckt oder Erinnerungen zusammensetzen können, die vorher noch bruchstückhaft waren …?

Es gab in den Archiven verschiedene Informationen, die wir noch nicht hatten. Deutschland, also das Nazi-Regime, hat alles sehr unter Verschluss gehalten. Aber wie ich im Buch erkläre – diese Polizisten, die Gestapo-Leute haben alles aufgeschrieben. Die Deutschen sind sehr organisiert. Sie haben alles protokolliert und dokumentiert, auch das, was man gegen sie verwenden kann. Nur, dass sie nicht vorhatten, dass es bekannt wird, klar. Also ist es ein sehr interessantes Material, weil es zeigt, wie sie gedacht und agiert haben. Es zeigt ihr Verhalten. Da gibt es wirklich sehr viel Neues. Das, was ich wusste, hatte ich vor allem durch meine Tante – weil meine Oma starb als ich sehr klein, 6 Jahre alt war – von meinem Vater und ein paar Genossen erfahren, mit denen ich geredet hatte. Ich hatte keine anderen Quellen. Und Fernando Morais hatte einige Sachen herausgefunden. Doch diese Gestapo-Dokumente sind sehr hilfreich, ohne Zweifel, auch zur Erkundung anderer Geschichten. In Bezug auf Olga ist es jedoch das wichtigste Dossier, das es über sie gibt. Ungefähr 2000 Seiten. Robert Cohen hat auch eine interessante Arbeit dazu gemacht. Er ist Schweizer, also deutschsprachig, und hat eine Auswahl der Dokumente getroffen und publiziert. Aber die Auswahl, die ich gemacht habe, erscheint mir treffender. Ich saß viele Tage mit meinem Kollegen, der Deutsch spricht, vor dem Computer. Wir haben jedes Dokument angeschaut und er hat mir die Bedeutung von jedem Dokument erklärt. Diese Arbeit hat einige Zeit gedauert. Danach habe ich sechs oder sieben verschiedenen Übersetzern aufgetragen, jeweils einen Teil der Dokumente zu übersetzen, denn einer allein hätte zu lang gebraucht.

Was hat Sie am meisten an Olgas Leben fasziniert? Und gibt es vielleicht auch Zweifel oder Fragen, die noch ungeklärt sind?

Ich glaube, das, was besonders hervorsticht, ist ihre Fähigkeit zum Widerstand. Man wusste davon, aber kannte nicht die Details dazu. Ihre absolute Haltung, ihre Treue zum Kommunismus, den sie schon für sich angenommen hatte, als sie sehr jung war. Und auch diese totale Ablehnung des Nazismus und der reaktionären Kräfte – da hat sie sich auf gar nichts eingelassen. Eine sehr drastische Haltung. Sie wurde von der Gestapo als sehr wütend beschrieben, auf Grund ihrer permanenten Kampfhaltung. In keinem Moment hat sie kapituliert, ist sie eingeknickt, nie. Also denke ich, dieses Wehrhafte, Kämpferische ist etwas, das wirklich auffällig ist.

Wenn Sie heute mit ihr sprechen könnten, was würden Sie sie fragen?

Im Moment gibt es nichts. Kann aber sein, dass das noch kommt. Die Geschichte war schon vorher klar, aber jetzt sind noch mehr Details aufgetaucht. Z. B. eine Sache, die im Archiv aufgetaucht ist, die wir vorher nicht wussten, war, dass sie offiziell mit der jüdischen Religion gebrochen hat. Sie ist mit 16 nach Berlin gekommen und laut den Gestapo-Dokumenten war sie zu einer Synagoge gegangen und hat dort gesagt, dass sie nicht mehr der jüdischen Religion angehören würde. Sie hat mit der Religion ihrer Familie gebrochen. Ich kenne keinen Fall von einer Person, die diesen Schritt sozusagen amtlich gemacht hätte. Das ist interessant, da hier in Brasilien die jüdische Gemeinde, die hier sehr groß ist, immer einen Weg gesucht hat, die Figur von Olga als Jüdin für sich einzunehmen. Das fing an, als die Geschichte Olgas mit dem Buch von Morais bekannter wurde – und sie machen das noch immer. Aber sie vergessen eben darüber zu reden, dass sie Kommunistin und Revolutionärin war. Ich habe anhand dieser Dokumente eine andere Darstellung dazu gemacht, auch um zu zeigen, dass sie nicht nur umgebracht wurde, weil sie Jüdin war, sondern weil sie Kommunistin und Revolutionärin war und die Frau eines weltberühmten Revolutionärs, Luís Carlos Prestes. Das war der Grund, warum sie so intensiv von der Gestapo verfolgt wurde und warum sie ihr nicht erlaubt haben, Deutschland zu verlassen. Es gab diese große Kampagne von meiner Oma und Lygia, die alles dafür gegeben haben, sie aus Deutschland herauszuholen. Wie ich in meinem Buch zeige, gab es drei Länder, die sie aufgenommen hätten, die Sowjetunion, Großbritannien und Mexiko. Sie haben Tickets geschickt, Visumsbescheinigungen, es war alles bereit, es gab sogar ein Telegramm des englischen Konsuls in Hamburg, der an Ravensbrück geschrieben hat. Der Direktor von Ravensbrück hat bei der Gestapo nachgefragt, ob ihre Ausreise möglich wäre. Die Gestapo hat geantwortet: »Nein, wenn sie nicht redet und uns nicht sagt, was wir hören wollen, wird sie nicht hier rauskommen.« Andere Genossinnen konnten Deutschland verlassen. Auch meine Oma und Lygia waren sehr besorgt. Sie haben einmal einen Brief von einer Genossin bekommen, die aus Ravensbrück nach England ausgereist war. In dem Brief stand, wenn sie ein Land fänden, dass Olga politisches Asyl gewähren würde, würde sie ausreisen können, so wie es bei ihr auch gewesen war. Meine Oma und Lygia haben alle notwendigen Dokumente beschafft, aber sie kam nicht raus, weil sie eben eine Kommunistin war, die nicht das gemacht hat, was die Gestapo wollte.

Eine Sache, die auch noch sehr beeindruckend ist, ist ihr Erfindergeist. Das habe ich nicht ins Buch aufgenommen, weil ich dachte, das könnte beim Leser zu Verwirrung führen. Es gibt eine große Zahl an Verhören, sie wurde öfter aus Ravensbrück nach Berlin gebracht, um verhört zu werden. Es gibt viele Geständnisse und es ist beeindruckend, wie sie dafür die besten Lügen erfunden hat. Ich wollte das nicht transkribieren, denn die Leute können das nicht wissen, aber wenn du Historikerin bist, weißt du, dass du sehr achtsam sein musst, wenn du mit Dokumenten der Polizei arbeitest, weil die Leute dort nicht die ganze Wahrheit sagen. Olga hat viel erfunden. Zum Beispiel wurde sie gefragt, wann sie Prestes kennengelernt hat. Sie hat gesagt, in Moskau wäre sie nur eine Stenografin gewesen. Sie hätte den Kommunismus und den Kampf aufgegeben. Sie hätte Prestes in einem Supermarkt kennengelernt und ihn als Ehefrau nach Brasilien begleitet. Sie hätte keinerlei politisches Engagement und würde sich nicht dafür interessieren. Das hat sie aufgeschrieben und unterzeichnet.

Wer Historiker ist und die Geschichte kennt, versteht sofort, dass das ein Akt ist, um die Polizei zu täuschen. Die Gestapo hat das nicht geglaubt und war entsprechend wütend! Aber wenn ich das in dem Buch veröffentliche, kann das zu Verwirrung führen. Die Leute könnten denken, Olgas Geschichte sei nicht wahr.

Aber sie war dort im Gefängnis. Und es gab nie einen Prozess. Während der Kampagne Prestes gab es in England, Frankreich und anderen Ländern Leute, die Anwälte zur Verfügung stellen wollten, um sie zu verteidigen. Dennoch gab es keinen Prozess. Sie war immer in sogenannter »Schutzhaft«. Sechs Jahre. Das war eine Ausrede, um keinen Prozess zu eröffnen. Also konnte kein Anwalt ernannt werden, um sie zu verteidigen. Sie wurde beschuldigt, Kommunistin zu sein. Die Ausweisung aus Brasilien geschah auch deswegen. Es gab kein Verbrechen, dessen sie in Brasilien von der Justiz beschuldigt wurde. Es gab nichts. In Brasilien war sie die Deutsche, die Frau von Prestes.

Sie haben öfter gesagt, dass Sie die Geschichte Ihrer Mutter erzählen wollen, damit sich so etwas nicht wieder ereignet. Welche Bedeutung hat die Geschichte Olgas heute? Warum ist es wichtig, Geschichte bekannt zu machen?

Ich glaube, ein Land, das seine Geschichte und seine Vergangenheit nicht kennt, ist wehrlos und kann es nicht schaffen, für eine bessere Zukunft zu sorgen. Es wird von den dominierenden Klassen manipuliert. Daher ist es sehr wichtig, dass die jungen Menschen ihre Geschichte kennen, dass sie die Fehler kennen und wissen, dass es Menschen gab, die gekämpft haben. So wie Olga. Natürlich nicht nur sie, mein Vater auch und viele andere, in Brasilien und in der Welt, in Deutschland natürlich auch. Ich habe mich am meisten diesen Figuren gewidmet und mit ihnen gearbeitet, aber es gibt sehr viele mehr. Es ist wichtig, dass neue Generationen sie kennen. Es ist kein Zufall, dass die bürgerliche Mitte und die Führungspersonen wie Bolsonaro und andere Rechte immer die Kultur bekämpfen. Die aktuelle Regierung Brasiliens ist unglaublich. Sie hat Faschisten nominiert, um Kultur und Bildung zu leiten. Offene Hitlerverehrer. Sie tragen sogar seine Symbole. Also ist der Kulturkampf der Reaktionären und

Bürgerlichen sehr groß. Und man muss sich dem entgegensetzen. Man muss den jungen Menschen die historische Wahrheit näherbringen.

Olga ist sehr bekannt hier in Brasilien, nicht wahr?

Ja, zunächst, weil es das Buch von Fernando Morais gab, das sehr viel gelesen wurde. Und danach den Film »Olga« (2004). Der Film ist eingeschlagen wie eine Bombe. Die Menge an Mails, die ich danach bekommen habe – das war gigantisch. Und bis heute haben sehr viele Menschen den Film gesehen. Manchmal wiederholen sie ihn im Fernsehen, weil es ein hübscher Film ist, der die Leute bewegt. Der Film ist allerdings auch sehr oberflächlich. Aber er hat eine wichtige Rolle dabei gespielt, den Leuten die Geschichte näher zu bringen. Wenn auch oberflächlich, hat er dazu geführt, dass die Menschen sehr viel Sympathie für Olga verspürten. Und er hat die Rolle von Präsident Getúlio Vargas entlarvt. Die Rechten waren immer darum bemüht, zu zeigen, dass Filinto Müller, der Polizist, der Verantwortliche für die Verfolgung, Verhaftung und Ausweisung Olgas gewesen war und nicht Präsident Vargas. In Wirklichkeit war Filinto Müller ein Angestellter von Vargas. Das war die Wahrheit. Er hätte all das, was er gemacht hat, nicht gemacht, wenn es nicht die Befehle von Vargas gegeben hätte. Das ist klar. Deswegen ist es wichtig, dass die Leute das kennenlernen. Dabei hat der Film geholfen. Aber der Film könnte viel besser sein. Die Drehbuchautorin des Films, Rita Buzzar, hatte das Drehbuch für den Film an mich und meine Tante, die damals noch lebte, geschickt. Wir hatten ihr schriftlich unsere Meinung und viele Anmerkungen dazu geschickt. Der Regisseur hat nichts davon aufgenommen. Der Regisseur Jayme Monjardim arbeitete für Globo, der größten Mediengruppe Brasiliens. Er hatte eine Erklärung abgegeben, dass er weder an der Geschichte von Luís Carlos Prestes noch am Kommunismus interessiert war. In dem Film wollte er einfach nur eine sehr schöne Liebesgeschichte darstellen, die er entdeckt hatte. Und das hat er getan. Und natürlich bewegt das die Leute sehr. Und das hat sich auch positiv auf mich ausgewirkt. Viele Menschen empfangen mich mit Sympathie. Wenn ich irgendwo öffentlich spreche und die Leute hören, dass ich das kleine Mädchen bin, das aus dem Gefängnis befreit wurde, kommen viele Leute nur deswegen. Nicht weil sie hören wollen, was ich sage. Aber klar, das nutze ich, um den Leuten etwas mitzugeben. Nach diesem Film gab es wirklich sehr viel Sympathie bezüglich Olga aus dem Publikum. Aber der Film ... Stell dir vor, die Kampagne Prestes kommt kaum vor. Die war sehr wichtig. Alles ist so dargestellt, als wäre es ein persönlicher Kampf von meiner Oma und meiner Tante gewesen. Im Film gehen sie allein zur Gestapo und holen mich da raus. Sie wurden aber von zwei Anwälten begleitet, einem Franzosen und einem Deutschen. Dieser Franzose war sehr wichtig, Maître Drujon. Der war eine Persönlichkeit in Frankreich. Und der war kein Stück weit Kommunist oder links. Er war eher konservativ. Aber Olgas Geschichte hat ihn bewegt. Also hat er geholfen. Und da er Einfluss in Deutschland hatte, hat er es geschafft. Olga hätte er nie freibekommen können, das haben die Nazis selbst gesagt. Aber dieses Mädchen hat gestört, es gab viel Aufsehen deswegen, da es die Leute sehr bewegt hat. Die Geschichte des Mädchens, die in ein Nazilager kam – das hat viel geholfen. Der französische Anwalt ist oft nach Deutschland gereist. Er konnte selbstverständlich kein einziges Mal mit Olga sprechen. Aber er hat meine Oma und Tante begleitet, als sie mich geholt haben. Er hat sie die ganze Zeit begleitet. Hin und zurück. Im Film scheint das alles ein persönliches Ding zu sein. Aber nein. Das war viel Arbeit durch Anwälte, durch den Druck der Weltöffentlichkeit und all das taucht im Film nicht auf. Und das Ende des Films war für mich sehr negativ, anders als im Buch von Fernando Morais. Das Buch endet mit dem Sieg über den Nazifaschismus mit einem großen Treffen in São Paulo 1945, wo mein Vater gesprochen hat. Also bleibt es klar für die Leser, dass dieser Kampf in einem wichtigen Sieg geendet hat. Der Film endet mit dem Tod in der Gaskammer. Sehr hoffnungslos. Er sagt nicht, was danach kommt. Dennoch war der Film wichtig. Ich hätte das nicht gedacht. Das erste Mal, als meine Tante und ich eingeladen waren, um den Film zu sehen, noch vor der Premiere, hat er uns nicht so gut gefallen. Ja, er war nett, romantisch. Danach waren wir echt überrascht von der positiven Resonanz, die der Film hatte. Die Leute hier in Brasilien haben den Film sehr gemocht und viel über ihn geredet.

Was bedeutet es für Sie, dass ihr Buch nun auf Deutsch veröffentlicht wird?

Das ist wichtig. Es ist das Land meiner Mutter. Es ist wichtig, dass die jungen Menschen von heute die Geschichte kennenlernen.

Anita Leocádia Prestes vor einem Gemälde von Cândido Portinari, das Olga Benario zeigt (1945 entstanden), im Museu Nacional de Belas Artes, Juni 2019.

Olga Benario – Luiz Carlos Prestes

Die Unbeugsamen

Briefwechsel aus Gefängnis und KZ

»... herausragende Zeugnisse einer Zeitgeschichte, in der individuelle und gesellschaftliche Schicksale auf komplizierte Art und Weise miteinander verflochten waren.«
Zeitschrift für Religions- und Geistesgeschichte 72, 1

Hg. von Robert Cohen.
Die portugiesischsprachigen Briefe sind übersetzt von Niki Graça
270 S., 11 Abb., geb., Schutzumschlag
ISBN 978-3-8353-1327-9

Die deutsche Jüdin und Komintern-Agentin Olga Benario wurde Ende 1936 hochschwanger an Nazideutschland ausgeliefert. In Gestapo-Haft in Berlin gebar sie kurz darauf ihre Tochter Anita, die ein Jahr bei ihr in der Zelle lebte, bevor sie in die Obhut der brasilianischen Großmutter gegeben wurde. 1942 wurde Olga Benario in der NS-Tötungsanstalt Bernburg ermordet.

Ihr Lebenspartner und der Vater ihres Kindes, Luiz Carlos Prestes, befand sich zwischen 1936–1945 in Rio de Janeiro in Isolationshaft. Er war Anführer des Aufstandes gegen die Regierung Vargas und seit Mitte der 1920er Jahre als »Ritter der Hoffnung« bekannt.

Selbst während Olga Benario im Frauenkonzentrationslager Ravensbrück inhaftiert war, gelang es den beiden gefangenen Widerstandskämpfern, ihren Briefwechsel aufrechtzuerhalten. Im Zentrum der Briefe steht das Schicksal ihrer kleinen Tochter.

VERBRECHER VERLAG

Fritz Oerter /
Leonhard F. Seidl (Hg.)

LEBENSLINIEN

230 Seiten
Broschur
20 €

ISBN 978-3-95732-525-9

Während Namen wie Emma Goldman, Gustav Landauer, Ernst Toller, Rudolf Rocker und Erich Mühsam für die anarchistische Bewegung Anfang des 20. Jahrhunderts bekannt sind, ist Fritz Oerter noch immer unentdeckt. Der fränkische Anarcho-Syndikalist stand mit den genannten Zeitgenoss:-innen im Austausch, ist für das Vertreten seiner Ansichten im Gefängnis gewesen, wurde von Nationalsozialisten gefoltert und ist infolgedessen 1935 in Fürth gestorben. Trotz der vielen Widrigkeiten ordnet er in diesen hinterlassenen Lebenserinnerungen die verschiedenen Abschnitte seines Lebens ruhig aneinander und schreibt liebevoll über seine Freund:innen (etwa die oben genannten), seine lithografische Ausbildung und die Beziehung zu seiner Partnerin Nanni – wie er es auch über herrschaftslosen Sozialismus tut.

Das literarisch anspruchsvolle historische Dokument verschafft einen Einblick sowohl in seine Lebensrealität als auch in eine wenig bekannte deutsche Geschichte. Der Herausgeber Leonhard F. Seidl knüpft an das Ende von Oerters Aufzeichnungen an und beschreibt – unter Rückgriff auf zahlreiche Briefe und die Tagebücher Oerters – dessen weiteres Leben in den 1920er- und 1930er-Jahren.

»Ein bewegendes Zeugnis des Widerstands gegen herrschende Verhältnisse.«
Dirk Kruse / BR Kulturwelt

Verbrecher Verlag | Gneisenaustraße 2a | 10961 Berlin | info@verbrecherei.de
www.verbrecherei.de

Günther Weisenborn

BIST DU EIN MENSCH, SO BIST DU AUCH VERLETZLICH. EIN LESEBUCH

280 Seiten
Broschur
19 €

ISBN 978-3-95732-377-4

Ob als junger Wilder in den späten Jahren der Weimarer Republik oder als kritischer und engagierter Autor im Nachkriegsdeutschland: Günther Weisenborn hat immer wieder klar Stellung bezogen. Die Erinnerung an den Widerstand gegen die Nationalsozialisten war ihm ebenso wichtig wie das Warnen vor einem Wiedererstarken des Faschismus in der jungen Bundesrepublik, in der er sich immer wieder den Anfeindungen der Rechten ausgesetzt sah. Weisenborn war ein vielbeachteter und erfolgreicher Autor: Seine Stücke wurden von zahlreichen Bühnen im In- und Ausland gespielt, seine Romane in 18 Sprachen übersetzt. Heute ist vieles von dem, was er geschrieben hat, in Vergessenheit geraten – oder noch gar nicht veröffentlicht worden. Aus dem umfangreichen Nachlass Weisenborns hat Carsten Ramm Gedichte, Songs, Erzählungen und Essays, auch bisher unveröffentlichte Texte, zu einem Lesebuch zusammengestellt, das den Autor wiederentdeckt und im Kontext seiner Zeit vorstellt. Dabei werden erstaunliche und zum Teil erschreckende Parallelen zu unserer Gegenwart deutlich.

Immer wieder legte Günther Weisenborn sprachmächtig und präzise den Finger auf die brennenden Themen. […] Günther Weisenborns gestochen scharfe Texte lesen sich heute jedoch aufrüttelnd aktuell.
Christiane Kort / Deutschlandfunk

Verbrecher Verlag | Gneisenaustraße 2a | 10961 Berlin | info@verbrecherei.de
www.verbrecherei.de